SIX POLISH POETS

SIX POLISH POETS

Translated by Ewa Chruściel,
Bill Johnston, Karen Kovacik,
Antonia Lloyd-Jones, Ryszard Reisner,
Mira Rosenthal, George Szirtes
and Elżbieta Wójcik-Leese

Edited and introduced by
Jacek Dehnel

Arc
PUBLICATIONS
2009

Published by Arc Publications
Nanholme Mill, Shaw Wood Road
Todmorden, OL14 6DA, UK
www.arcpublications.co.uk

Design by Tony Ward
Printed by Biddles Ltd
King's Lynn, Norfolk, UK

ISBN: 978 1904614 50 0

The publishers are grateful to the authors and translators and,
in the case of previously published works, to their publishers
for allowing their poems to be included in this anthology.

Cover image: Aleksandra Waliszewska

Arc Publications gratefully acknowledges
the financial support of the
© Poland Translation Program

The publishers acknowledge financial assistance
from Arts Council England, Yorkshire

The 'New Voices from Europe and Beyond' anthology series is published in
co-operation with Literature Across Frontiers which receives support
from the Culture 2007 programme of the EU.

Arc Publications 'New Voices from Europe and Beyond'
Series Editor: Alexandra Büchler

CONTENTS

TOMASZ RÓŻYCKI
Translated by Mira Rosenthal
Biography / 69

MACIEJ WOŹNIAK
Translated by Elżbieta Wójcik-Leese
Biography / 93

AGNIESZKA KUCIAK
Translated by Ewa Chruściel, Craig Greenman,
Karen Kovacik & Ryszard Reisner,
Biography / 119

JACEK DEHNEL
Translated by Antonia Lloyd-Jones
Biography / 145

SERIES EDITOR'S PREFACE

Six Polish Poets is the fifth volume in a series of bilingual anthologies which brings contemporary poetry from around Europe to English-language readers. It is not by accident that the tired old phrase about poetry being 'lost in translation' came out of an English-speaking environment, out of a tradition that has always felt remarkably uneasy about translation – of contemporary works, if not the classics. Yet poetry can be and *is* 'found' in translation; in fact, any good translation *reinvents* the poetry of the original, and we should always be aware that any translation is the outcome of a dialogue between two cultures, languages and poetic traditions, collective as well as individual imaginations, conducted by two voices, that of the poet and of the translator, and joined by a third participant in the process of reading.

And it is this dialogue that is so important to writers in countries and regions where translation has always been an integral part of the literary environment and has played a role in the development of local literary tradition and poetics. Writing without reading poetry from many different traditions would be unthinkable for the poets in the anthologies of this new series, many of whom are accomplished translators who consider poetry in translation to be part of their own literary background and an important source of inspiration.

While the series 'New Poetry from Europe and Beyond' aims to keep a finger on the pulse of the here-and-now of international poetry by presenting the work of a small number of contemporary poets, each collection, edited by a guest editor, has its own focus and rationale for the selection of the poets and poems.

Six Polish Poets makes available to the English-language reader the poetry of the younger generation of poets who whose first collections (with one exception) have been published in the past decade. Unlike the poets of the previous generation who, in the period of new-found freedom after the fall of communism, adopted a highly individualistic, anarchic, sometimes brutal style, the poets represented here re-examine and experiment with traditional poetic forms, themes and cultural references in poems that are refined and witty, moving and informed, ranging across every aspect of human existence. This anthology is both thought-provoking and full of warmth and humanity, and while it cannot claim to be representative of contemporary Polish poetry as a whole, it nevertheless provides an insight into today's literary scene in Poland.

I would like to thank those who made this edition possible and, above all, the translators and the poets themselves.

Alexandra Büchler

When the watershed came in 1989, the Polish poetry scene looked – in the simplest possible terms – as follows: firstly, there were the "grand old poets" such as Czesław Miłosz, Zbigniew Herbert, Wisława Szymborska and Tadeusz Różewicz (the somewhat younger and slightly less well-known Jarosław Marek Rymkiewicz should also be included in this group), who were universally acclaimed and recognised for their brilliant achievements as well as their uncompromising attitude towards the communist authorities in the last few decades of the regime. Complementing this group there was the New Wave generation, including poets who made their debut in about 1968 (such as Stanisław Barańczak, Adam Zagajewski and Ewa Lipska), and who by 1989 had already matured and become established. They wrote poetry that focused on ethical issues and criticised the authorities, the distortion of social realtions by the communist system as well as Party "newspeak". Their linguistic experiments sharply contrasted with the slickness and predictability of official debate. It is worth adding that some of these poets (Miłosz, Barańczak and Zagajewski) chose, or were forced, to emigrate and so Polish literary life was divided between work published in Poland – with the interference of the censors or in *samizdat* editions – and work published abroad. The committee of the private Kościelski Foundation Prize (Poland's oldest literary prize) tried to remedy this split by rewarding, from the very start (that is, from 1962), writers living in the country as well as émigrés.

After the fall of communism, an entirely new group of poets and prose writers appeared, connected with the journal *brulion* (1986-1999), which became a symbol of the new times and of rising capitalism. It was geared above all to promoting its authors and importing some non-mainstream "novelties from the West" into Polish writing, including not just feminism, cyberpunk, graffiti and techno culture, but also the diction of the New York school of poets. With Marcin Świetlicki, Jacek Podsiadło, Marcin Sendecki and the other members of the *brulion* group, the centre of gravity for poetry shifted to entirely new areas; the individual came to the fore, with his personal problems, his body (sometimes described with unrestrained frankness) and his everyday struggle with the world at large, with language and with the reality of budding capitalism. At the same time, Poland received a strong injection of twentieth-century Anglophone poetry – as well as Barańczak's translations (of Philip Larkin, Seamus Heaney, W. H. Auden, James Merrill and Elizabeth Bishop), new translators and poets appeared in connection with *Literatura na świecie* ("World Literature", a journal publishing foreign literature in Polish translation), including Andrzej Sosnowski, Bohdan Zadura and Piotr Sommer. With them came poems by Douglas Dunn, Tony

Harrison, Michael Longley, Derek Mahon, Craig Raine and Frank O'Hara, John Berryman, John Ashbery, Charles Reznikoff and many others – for young poets an entirely new source of inspiration.

The explosion of new energy was to do not only with the social changes but also a wave of debuts. Like the New Wave group of the 1960s, the poets of this generation had a difficult start too, making their debuts either relatively late, after the age of 30 (such as Świetlicki and Sosnowski), or in "instalments", in small, limited-edition volumes issued semi-officially (as is the case with the poet Jacek Podsiadło). In just a few short years a number of excellent, thoroughly mature writers, who had never been able to express themselves fully before, came to public awareness. Meanwhile *brulion* did an excellent job as an institution journal, promoting new literature – new names, new subjects and new language.

In this situation, cutting itself off from the "grand old poets" (or "great dinosaurs" as they are sometimes described) and the New Wave poets was the obvious choice for the younger generation which pointedly mocked the "bygone era", even though many of its representatives were alive and still publishing – and in some cases enjoying a revival of interest in their work. Along with Miłosz and Herbert, "high-flown diction" was rejected, as was the idea of poetry as a way of making your own humble contribution to a long literary tradition with its roots in the Bible and antiquity. Along with Barańczak and Rymkiewicz, the classical trend was rejected, and so was the tendency to favour baroque stylisation, elaborate forms, rhymes and meters.

Of course, there were exceptions. Of the *brulion* group, Krzysztof Koehler and Jacek Podsiadło (who was influenced by both O'Hara and Barańczak) used rhyme; another poet of the same generation, Andrzej Sosnowski, did some bold experimentation with old verse forms. Finally some independent approaches appeared, such as the outstanding poetry of Eugeniusz Tkaczyszyn-Dycki which made extensive use of baroque "Vanitas" poetry, or the slightly less successful poetry of Catholic journalist Wojciech Wencel, who regarded the classical form as a reflection of conservative order and the perfection of the Roman Catholic religion.

However, classicism was generally on the wane from the late 1980s until the start of the twenty-first century. It was then, after a long period of domination by literary and stylistic "barbarism", that two strong trends appeared – on the one hand, post-avant-garde neo-linguism (represented by Maria Cyranowicz, Joanna Mueller and Jarosław Lipszyc), and on the other, neo-classicism, which includes all the poets featured in this book – sometimes, I might add, to their loud objection; while the *brulion* poets or the neo-linguists are groups with a sense of community, gathered around a journal or an institution, the neo-classicists write and publish separately. They made their debuts over a period of about fifteen years and have not published any manifestos or – until now – joint anthologies (the very term "neo-classicism" is so ambiguous and, in a way, empty, that it may be better to talk of "poets who refer to traditional forms").

The award of the Kościelski Prize to Tomasz Różycki in 2004 may be seen as a turning point for the reception of this style of poetry. From then on, the public became more interested in poetry that – like the poems in this anthology – combines traditional forms (sometimes quite boldly modified, as in the case of Różycki's and Woźniak's irregular rhymes or Kuciak's "nursery rhyme" stylisations and Suska's childlike ones) with contemporary language and everyday settings. I would ascribe the popular success of this literary trend to the fact that it bridges some recent divisions, reconciling poetry from before 1989 with the work of the *brulion* generation, deriving influences from both these sources, and creating poetry of a completely different nature.

*

Although she made her debut in 1989 and generationally belongs to the *brulion* era, ANNA PIWKOWSKA was so far from being part of the literary landscape of the 1990s that for a long time her work was unfairly marginalized. It is no accident that she has written a book about Anna Akhmatova, because a deep fascination with early twentieth-century Russian poetry shows in her poems which possess a special sense of melody and subtlety, and focus on the emotions. In Piwkowska's work love always takes centre stage, and it is a woman's love. These poems are steeped in tradition and symbolism, yet they also feature some refined linguistic devices (some of which, unfortunately, are bound to disappear in translation) and unexpected rhymes, charming phrasing and sharp imagery.

DARIUSZ SUSKA's poems focus on two central motifs, death and childhood, which are explored in two ways – through memories or through the experiences of a father watching his growing child and initiating him into matters of life and death. Like Eugeniusz Tkaczyszyn-Dycki's work, Suska's poetry as a whole is unusually coherent, giving us the impression that all his collections form one single poem, with motifs that recur like the themes in a great fugue: the grey world of the 1970s, his brother's death, games played at school, a sense of guilt for tormenting animals, and walks with his sister. The intimacy of these poems, and their fondness for individual, personal, small-scale themes, paradoxically adds to their universality, by focusing on an entire human experience through the prism of minor, quotidian events.

TOMASZ RÓŻYCKI lives in what we call the "recovered lands", in other words the area taken from Germany after the Second World War and resettled by Poles who moved from the eastern territory that was annexed by the USSR. Thus the distinction between what is one's own and what is alien is present in his poems from the very start, but most of all in his comic epic *Twelve Stations*, which holds a dialogue with a major Polish classic, Mickiewicz's *Pan Tadeusz*. In *Colonies*, an original cycle of seventy-seven sonnets, Różycki toys with the ambiguity of the title (which can refer to overseas territories but also to the summer camps of organised children's holidays), exploring the magic of childhood, the games, journeys and distant lands familiar from adventure books, films and exotic stamps. But all this is the background for an inner cycle of poems, starting with the words: "When I began to write, I didn't know...", which are tales about writing as an ailment, a destructive addiction that produces some narcotic visions. Teeming with unusual images full of terror and beauty, and making wayward use of rhyme (he specialises in "deformed" sonnets), Różycki's poems are one of the most interesting events in Polish poetry of recent years.

MACIEJ WOŹNIAK is not only a poet, but also a music critic, which is evident both in his lyrical phrases (which are sometimes fluent and melodious, at other times faltering and syncopated), and also in his recurrent motifs, including allusions to songs and *Lieder*, famous recordings and recitals. His second volume of poetry (*Illuminations, Eclipses, Dusk*) was entirely composed of this sort of music-oriented text. Here we are dealing with erudite poetry that is not limited to "high culture" but owes as much to Bach and Virgina Woolf as to icons of pop culture such as Jimmy Hendrix and Bonnie and Clyde, or graffiti spray-painted by football fans. Woźniak's poems, disciplined and elegantly crafted, are also a declaration in favour of withdrawing into a cosy little existence focused on love (as passionate as it is sad), musical and literary obsessions, and contemplating the world's transience.

As well as writing poetry, AGNIESZKA KUCIAK also translates. Her work to date includes a monumental translation of Dante's *Divine Comedy* and the sonnets of Petrarch. Dante is present in her poetry, not just through Italian references, but above all through the combination of elevated elements with colloquial ones; Kuciak never ceases to deconstruct literary tradition, playing with old tropes and allusions, and stylising her poems in a highly varied way. In this respect, the summit of her achievement is the collection *Distant Countries – An Anthology of Non-Existent Poets*, in which she has made up over twenty poets, with their biographies, and then written poems for them in completely different poetic styles. Yet at the same time, for all the mastery and light touch she brings to this literary game, she writes poems that are deeply affecting, touching the reader to the quick.

It falls to Maciej Woźniak to conclude this short essay with a few words about his fellow-poet and editor of this anthology. JACEK DEHNEL is the youngest of the poets included in this anthology, yet his poetic debut may be regarded as the most resounding. Like Agnieszka Kuciak, he is also a translator, mainly of classic English-language poets (he recently published a volume of translations of poetry by Philip Larkin), and they have had a large influence on his style, providing him with a purity and clarity that are unusual among the younger Polish poets. By contrast with Kuciak's deconstruction of tradition or Różycki's "deformations", Dehnel's poems are not ashamed to speak out loud without any persistently equivocal irony, and do not hesitate to put their trust in fixed meters (such as the thirteen-syllable line, which is fundamental to Polish poetry). In his latest volume, *A Razor-Sharp Glance*, we can see how Dehnel's Renaissance wealth of talents (he has published an acclaimed novel entitled *Lala* and he is a painter as well as a writer) focuses in his poetry: at one moment it exudes the profundity of an epic, and at the next it has an almost photographic power of perception and sensitivity to the transience of events.

Jacek Dehnel

ANNA PIWKOWSKA

PHOTO: ELŻBIETA LEMPP

ANNA PIWKOWSKA, born in 1963, is a poet, essayist and critic who studied Polish philology at Warsaw University. She has published seven volumes of poetry: *Szkicownik* (Sketchpad, 1989), *Cień na ścianie* (Shadow on the Wall, 1990), *Wiersze i sonety* (Poems and Sonnets, 1992), *Skaza* (Flaw, 1996), *Tylko trzy drogi* (Only Three Roads, 2000), *PO* (2002), and a selection, *Niebieski sweter* (Blue Sweater, 2004).

In 2003 her book about the Russian poet Anna Akhmatova, *Achmatowa czyli kobieta* (Akhmatova Alias Woman), appeared and in 2007 *Ślad łyżwy* (Skate Tracks), based on true stories from the life of Austrian poet Georg Trakl, was published.

Her poems have appeared in many leading Polish literary journals and have been translated into Russian, German and Slovene. She has also written song lyrics, the words for the Prologue to an eighteenth-century opera by Maciej Kamieński, *Nędza uszczęśliwiona* (Misery Made Happy), and poetry for Barbara Sass's film *Jak narkotyk* (Like a Narcotic, 1999).

She is an expert on the Russian Acmeist poets, especially Anna Akhmatova, in whose footsteps she has travelled in Russia and Ukraine to research her book.

She has won several literary prizes including the Georg Trakl Award (1995), a Kościelski Foundation Distinction (2002) and the Warsaw Literary Premiere Award (2003).

PIOSENKA

Ty miły będziesz białą plamą
chłodnego śniegu. Ja popiołem,
zerwanym kwiatem, trawą, ziołem
cierpkim i gorzkim, wysuszonym.
Ty miły będziesz szedł po ziemi,
ja będę iść na ukos chmurą.
Albo odwrotnie. Pójdziesz górą
i w cień odległy się zamienisz.
Pomiędzy nami rwące rzeki,
iglastych lasów lita skała.
Jaka jest miłość dla człowieka
bliższa, niż ta łącząca ciała?

KWIAT SIĘ ROZPADA

Kwiat się rozpada, gniją płatki,
łodygę ciemna ziemia grzebie.
Czas mija, kiedyś także ciebie
dosięgnie sedno tej zagadki.
Gdzie będziesz? W ziemi, czy w powietrzu?
Może wilgocią podczas deszczu,
gałęzią, ptakiem, świeżym liściem,
czy pestką, która drąży wiśnię?

A SONG

You, darling, will be a white patch
of cold snow. I will turn to ash,
grass, gathered flower or a herb
that has gone sour, bitter, dried.
You, darling, will tread on the ground,
while I will cut across the clouds.
Or, otherwise, you'll walk above
transformed into a shadow, far.
Between us rapid rivers rush,
the solid rock of fir and pine.
What love can man cherish so much
as that binding two bodies in one?

Translated by Elżbieta Wójcik-Leese

FLOWERS DEGRADE

Flowers degrade: their petals rot,
their stems are buried by dark soil.
Time passes, and this riddle's sense
will surely dawn on you one day.
Where will you be then? Earth or air?
Will you be moisture in the rain,
a fresh green leaf, a bird, a bough,
or that which drills a cherry-stone?

Translated by Elżbieta Wójcik-Leese

GOBELIN

Rdzawe zwierzęta, morze rdzawej trawy
i rdzawa miękkość przystrzyżonej wełny.
Rdzawy Don Kichot jakby dla zabawy
zamknięty w pozie, która się nie spełni.
Rdzawe potyczki. Krew na ostrzu miecza.
Czerwona wełna. Już wiatraki płoną.
Żadnego z marzeń nawet nie tknie dłonią,
czerwona nitka los za niego spełnia.

ROSJA

Starzy Ojcowie. Niepokorne dzieci.
Utracone majątki. Zastawione srebra.
Na Dworcu Kurskim obszarpany żebrak
rdzawym pieniążkiem jak lusterkiem świeci.
Zdumienie. Gorzko pachną w Rosji zioła.
Zdziwienie. Gorzko tu zakwita czerwiec.
Za mocno pachnie, a księżyc ma w herbie
wypieczony, okrągły, lukrowany kołacz.
Przestrzeń się w samej sobie jak w gnieździe os mości
i czas się tutaj toczy jakimś innym trybem.
To tak jakby ktoś zaczął wigilijną rybę
obierać nie od łusek lecz z wnętrza, od ości.

Moskwa, czerwiec, 1995

TAPESTRY

Rust-red animals, seas of rust-red grass,
the rust-red softness of wool newly shorn.
Rust-red Don Quixote – as if for fun
locked in the posture he will not surpass.
Rust-red duelling. Blood on the sword's blade.
Red wool. The windmills have gone up in flames.
He won't even touch any of his dreams;
instead, his fate's fulfilled by the red thread.

Translated by Elżbieta Wójcik-Leese

RUSSIA

Old patriarchs. Impudent heirs.
Lost estates. Pawned silverware.
At the Kursk rail station, a ragged pauper
polishes his rusted kopeck like a mirror.
Astonishment. In Russia, the herbs smell bitter.
Amazement. June here blossoms bitter.
It smells too strong, and the moon's coat of arms
bears a *kolach*, a varnished ring cake.
Here, as in a wasp's nest, space swarms,
and time passes with a different gait.
As if one started cleaning the Christmas pike*
not of its scales, but of its bones, from the inside.

Moscow, June, 1995
Translated by Ewa Chruściel & Karen Kovacik

* Carp, herring, and pike are the three traditional fishes.

TREN TAMTEGO LATA

Stanęła tak po stronie śmierci.
Tu mokra stopa na posadzce,
suszarka, ręcznik wokół bioder,
a tamta druga stopa w wodę,
w śmierć, tak z kąpieli, w środku lata.
Skręcone włosy mokrą ręką,
zdążyła jeszcze raz przeczesać.
W pokoju stygła jej herbata,
chciała bieliznę porozwieszać,
jasnobłękitne nic, tak cienką,
z jedwabnych nitek posplataną.
Lato. Upalne, drżące rano.
Dzień obiecywał radość, pośpiech,
za ścianą syn zawołał głośniej,
że szczeniak nosem wpadł do mleka.
Sukienka przerzucona w biegu
przez poręcz krzesła, cynobrowa,
wchłaniała w siebie krople słońca.
Płynnie przez pokój, organowa
muzyka Jana Sebastiana
szła, jak kobieta, albo dziwne
puszyste zwierzę. Dzień niósł radość.
Nic nie zdążyła. Nawet krzyknąć.
Strach i skurcz serca jak przed bitwą
albo podróżą. Tylko czemu
bez przygotowań i pożegnań
zaniosła się kropelką tlenu
jak śmiechem. Mały krzyżyk z drewna
nad lustrem. Chwila nieuwagi.
Za ścianą chłopiec z psem się bawił.

26 lipca, 1998

LAMENT OF THAT SUMMER

She stepped onto the side of death.
Here, one wet foot on the floor,
hair dryer, towel round her hips,
the other foot into the water,
into death, straight from the summer bath.
She managed just once more to run
the wet hand through her tangled hair.
The tea was cooling in the room;
she planned to hang the lingerie,
the light blue nothing, woven
out of fine silk threads.
Summer. Hot quivering morning.
The day had promised joy, and haste;
behind the wall her son called out
about the puppy's nose in milk.
The dress hurriedly thrown
across the chair, cinnabar, absorbed
the drops of sunshine. The organ
music of Johann Sebastian
flowed across the room, a woman
or some strange furry animal.
The day brought joy. She managed
nothing. Not even a single shout.
Fear or a heart contraction
as if before a battle or
a trip. But why with no preparing
or good-byes did she let out
this tiny drop of oxygen
like laughter? A small wooden cross
above the mirror. Brief lapse
of attention. Behind the wall
the boy was playing with the dog.

26 July, 1998

Translated by Elżbieta Wójcik-Leese

DON JUAN

Już się na dobre ułożył z wiecznością.
Czarne jest białe, a białe jest szare.
Wino tym lepsze im bardziej jest stare,
krew, pot, kadzidło, lęk przed samotnością.
Więc Katarzyny złe, łamane kołem,
i Wszystkie Święte w alkierzach, za stołem,
i Anastazje z nożycami w rękach,
stos ułożony, a gałęzie w sękach,
Elżbiety w łożach, przy nich Matka Boża,
święte Agnieszki trawione przez pożar,
i jeszcze tylko Kingi z bryłką soli
grzech uświęcają, słodki jest, nie boli,
Zofie z księgami, kłamliwe, też święte,
Barbary w wieżach, z pawim piórem, ścięte.
Dorota z koszem, w koszu jabłka, róże
i bezimienna, z którą był najdłużej.

Wrzesień, 1996 r

RZEKA MOSKWA

Ostatnio tutaj biały Rosjanin palnął sobie w łeb.
A ty, który wiesz wszystko, odpowiedz mi na pytanie
dlaczego robią to wyłącznie biali. Sądzę, że to fundamentalna,
ontologiczna niesprawiedliwość.
                                    Z. Herbert, Biarritz, 1986

Ślad łyżwy, rękawiczka, wir rzeki pod lodem.
Wczoraj w nocy lotnisko, śnieg w niebieskich światłach,
zarys skrzydeł boeinga jak kształt końca świata
niewyraźny. Ktoś śmiał się, ktoś rzucał przekleństwa
w ten lepki śnieg. Podróżni niby przypadkowi
a już złowieszczy upór, melancholia męska
tego z lewej i czysty głos, odkryty do połowy
dekolt dziewczyny z prawej, nagle takie bliskie,
swojskie, niemal rodzinne, kiedy nad lotniskiem
kołując, już byliśmy gdzie indziej myślami.

DON JUAN

And now with eternity he beds down for good.
White appears grey, and black is white.
Just as older is better when it comes to wine,
so too, with sweat, blood, incense, the dread
of being alone. Thus, the saints in their alcoves
behind the altar, the Catherines angry, broken
on the wheel, the Anastasias with shears in hand,
the sharpened stake and gnarled branch,
the Elizabeths in their beds, God's mother near,
the saintly Agneses consumed on pyres,
and also the Kingas with their clods of salt.
All sanctify his sin – gentle and harmless, after all.
The deceitful Sophias now holy too,
the Barbaras with their peacock plumes, in towers,
beheaded, Dorothy with her clutch of roses and fruit
and Anonymous with whom he spent the most hours.

September, 1996

Translated by Karen Kovacik

THE MOSCOW RIVER

Recently a white Russian has shot himself dead here.
And you who knows everything, answer my question
why only the white ones do it. I consider it a fundamental,
ontological injustice.

Z. Herbert, Biarritz, 1986

Skate tracks, a glove, the river whirlpool beneath the ice.
Yesterday night – the airport, snow in the blue lights,
the outline of the Boeing wings unclear like
the shape of the world's end. Somebody laughed, another cursed
into this sticky snow. The passengers seemingly random
and yet to the left: ominous obstinacy, male melancholy;
to the right: the clear voice and very low neckline of a girl
– suddenly all so familiar, close, almost homely, when wheeling
above the airport, we soon drifted elsewhere in our thoughts.

Zapisani na kartce papieru znajomi zostaną z nami.
Spróbuję odczytać ich życie z kilku zaledwie kresek:
ona, być może modelka, dziecinnie chuda,
prawie nastolatka, gdyby nie usta lekko opuchnięte,
zbyt zmysłowe i zmarszczki. Dwie. Ale widoczne
nawet w tym świetle. Nogi wyciągnięte
ukośnie przecinają za wąski korytarz. Bardzo zgrabne,
chociaż kolana znowu dziecinnie spiczaste.
Co zrobi to miasto z nią, ona z tym miastem
nieprzyjaznym, za głośnym, z kłębkiem mrozu w krtani,
z niedoszłym, nie wysłanym, wręcz nie napisanym
listem do domu. Nie wróci na pewno.

On z laptopem i ciągle zamawia pomidorowy sok.
Poza tym nic nie pije. Patrzy na nią od czasu do czasu
znad dziwnych hieroglifów na ekranie swojego świata
nie przeczuwając, że sam koniec świata
siedzi obok. Że właśnie odwróciła nie tylko głowę,
ale wręcz cały porządek świata.
Gdzie się spotkają? Nie wiem. Może na ślizgawce.
Może w dół rzeką Moskwą podążą ku sobie
aż przetną się ślady łyżew, tory losów, obie
drogi i konstelacje, wszystko byle tylko
nie samotność, przedwczesna śmierć i nuda duszy.
Lód pod łyżwą zaskrzypi, zatrze się, pokruszy.

    Moskwa, styczeń, 2001 r

PO PROSTU

Słońce po deszczu. Rynny zardzewiałe,
mokry róż stromych dachów, zieleń butwiejąca
skąpych daszków nad drzwiami. Rude plamy słońca
jak małe ciepłe koty leżą pod schodami.
Dziewczyna jedzie na srebrnym rowerze,
lśnią mokre włosy, mokre deski mostu,
kim jest, dokąd tak jedzie, w jakim charakterze?
I czy śpiewa z radości, czy śpiewa po prostu?

Jotted on a slip of paper, our friends will stay with us.
I'll try to read their lives from just a few sketches:
she – possibly a model, childlike thin,
almost a teenager but for the slightly swollen lips,
too sensual, and wrinkles. Two. But visible
even in this light. The stretched-out legs
cut across the too narrow isle. Very shapely,
though the knees again very childlike spiky.
What is this city going to do with her, she – with the city:
hostile, too loud; with the spool of frost in the throat;
with a letter home: missing, not dispatched, actually not
written yet. Most certainly she will not return.

He, with the laptop, keeps ordering tomato juice.
Drinks nothing else. Gives an occasional look
above the strange hieroglyphs on the screen of his world,
not suspecting that the end of the world itself
is sitting next to him. That she has just turned
not only her head, but the whole world order.
Where will they meet? I don't know. On the ice rink?
Or down the Moscow River they will travel closer
to each other, till the tracks of their skates cross,
the routes of two lives, the two constellations, everything
but solitude, premature death and the soul's boredom.
The ice under the skate will creak, wear away, crumble.

    Moscow, January, 2001

Translated by Elżbieta Wójcik-Leese

FOR NO REASON

Sun after rain. Rusted drainpipes,
slanted pink of wet roofs, and decaying green
of narrow awnings. Ginger stains
like warm kittens lie under the steps.
A girl is riding a silver bike, her wet hair
glistens as does the bridge, its planks also wet.
Who is she, where is she riding, what for?
Does she sing out of joy, or for no reason?

Głos paruje w powietrzu. Zsiadła, pchnęła furtkę,
krzyknęła coś przed siebie do tego kto zbiegał
po schodkach. Już całuje, zsuwa mokrą kurtkę,
rower upadł na trawę. Promień się zagrzebał
w jej włosach. Liże rzęsy. Dzień jakby spod igły.
Wszystko mu przebaczyła lecz tamtego: nigdy.
Że kiedyś ją jak paproch, małe ziarnko maku
minął. Cząstkę energii o ujemnym znaku

Październik, 1999

W POGODNY DZIEŃ

W pogodny dzień
tak młoda jak na fotografii tej sprzed lat pięciu
(teraz starzeję się wolniej)
siedząc na pieńku brzozy na pieńku z pamięcią
mam (i z tobą)
prywatnej nie wykluczam wojny.
Krzyk ptaków, klangor sierpnia, już dawno zamarły
i słowa pożegnania cisną się na usta
same w sobie dość gniewne, ale bije szósta,
więc zmierzcha i kontury ganku się zatarły.
Pies krąży po ogrodzie za przygodnym kotem,
który z kolei długo wpatruje się w sójkę,
piaskowe niewiniątko z błękitnym odlotem
po obu stronach skrzydeł jakby Dali sójkę
dał jej w bok swoim pędzlem – czyste barwy ziemi:
błękitne żyłki, brązy i szkarłat jesieni.
Mija gniew, obudzona w środku nocy powiem,
że jesteś dla mnie wszystkim, zwyczajnie, jak człowiek.
Widzę przez okno pokój, ciebie, w tobie jesień
i myślę czy mi jakąś uwagę poświęcisz
w swoim zeszycie w kratkę i wiatr liście niesie
tak jak kiedyś przyniesie wieść o twojej śmierci.

Milanówek, październik, 2000

She gets off and pushes the gate, her voice steaming,
shouting something to a boy running downstairs.
Already they're kissing, slipping off her wet
jacket, the bike left in the grass. A ray of sunlight
burrows in her hair and licks her eyelashes.
Sharp as a sewing needle, the day refreshes.
She forgives him everything, but this:
that he once passed her by like a bit of dross,
a poppyseed. A flash of energy with a minus sign.

October, 1999

Translated by Ewa Chruściel & Karen Kovacik

ON A SUNNY DAY

like in that photo of five years back, so young
(now I seem to age more slowly)
sitting on a birch stump, I vow not to let memory
(nor you) stump me – I'm ready to wage my private war.
Bird cries, the August clangour, have become obscure
and the words of goodbye press against my lips,
full of anger, I admit, but it's almost six,
so dusk already blurs the veranda contours.
The dog cruises the garden at the heels of a cat;
the cat, in turn, stares doggedly at a jay:
a sandy innocent with outlandish blue streaks
on both sides of the wings, as if Dali gave it a stab
with his brush – pure colours of the earth:
blue veins, various shades of brown, autumnal scarlet.
Anger subsides, awake mid-night I will certainly claim
you're my whole world, just like that, like a man.
From here I can see the room, you, and in you – the autumn,
and I wonder if you might consider me worth
some attention in your workbook; the wind welcomes
leaves and carries them, the way it'll carry the news of your death.

Milanówek, October, 2000

Translated by Elżbieta Wójcik-Leese

OSTATNIE LATO

Trwała przy ścianie w niebieskiej sukience.
Mijało lato, a ona bez przerwy
z rakietą, z żółtą piłką, ćwiczyła mu nerwy,
opalając w półruchach kolana i łokcie.
Stawał w oknie i patrzył jak w soczystej trawie
ginęła żółta piłka. Pies jakby miał skrzydła
biegł po nią, chwytał w locie, ciesząc się, że wygrał
oddawał z dumą piłkę i kąpał się w stawie.
Mijało lato. Trawa pożółkła, a ścianę
pełną śladów od piłki obmywały deszcze,
gdy zobaczył przez okno: torby spakowane,
a w nich rakietę, piłkę, sukienkę i jeszcze
pewnie była tam płyta. Długie dwa miesiące
w upalne letnie zmierzchy dawała mu koncert
przez ścianę. Nie mógł pisać, grać ze sobą w szachy,
bo ta płyta z tą rysą w dobrze znanym miejscu
zawsze się zacinała. Teraz postanowił,
że zejdzie w końcu na dół pożegnać się z psem.
A może z właścicielką, zresztą, czy ja wiem,
może chciał wziąć do ręki żółtą, brudną piłkę.
Zastukał laską. Schody skrzypnęły jak zawsze.
Jak wtedy gdy w młodości szybko po nich zbiegał
i jak w ostatnie lata, gdy schodził ostrożnie.
Koszyk, w koszyku piłka, pies obok, strzegł groźnie
tego skarbu, żółtego cudu swojej pani.
Wysiadła z samochodu, podała mu rękę,
powrzucała bagaże, pies wskoczył do tyłu.
Odjechała uwożąc psa, piłkę, sukienkę,
płytę, rakietę, lato piękniejsze od tylu
innych. Ostatnie lato choć tego nie przeczuł.

Nieborów, 2002

THE LAST SUMMER

She endured by the wall in her blue dress.
Summer drew to a close, yet she went on
testing his nerves, with her racket, her yellow ball,
in half-movements tanning her elbows and knees.
He stood by the window, watching the luscious grass
conceal the yellow ball. The dog, as if on the wing,
rushed after it, caught it mid-air and filled with victorious glee
proudly returned the ball, then leapt in the pond for a bath.
Summer drew to a close. The grass yellowed, and the wall
covered with marks of the ball was washed by the rain;
that's when he saw through the window: suitcases packed
together with the racket, the ball and the dress, but that was not all,
the record must have been there too. For two long months
of the hot summer it gave him concerts through the wall at dusk.
He couldn't write, he couldn't play chess on his own,
because that record with that scratch well-known
would always stop at the same place. Now he made up his mind
to finally go downstairs at least to say good-bye
to the dog. Or possibly the dog's owner. Perhaps
he wanted to hold the dirty yellow ball in his hand.
His walking-stick knocked. The stairs as usual creaked.
Just like they did when he was young and quick
and now, when he slowly walked down with caution.
The basket, in it – the ball, the dog, clearly with the notion
to guard this treasure, the yellow marvel of his lady.
She got out of the car, extended her hand to him,
put her baggage inside, the dog jumped in at the back.
Then she was gone, taking away with her
the dog, ball, dress, record, racket, summer more beautiful
than ever. His last summer, but that he didn't sense.

Nieborów, 2002

Translated by Elżbieta Wójcik-Leese

POCIĄG

Po drugiej stronie torów, za oknem wagonu,
pomarańczowo-szary, z niemieckim napisem
stał pociąg. Ciężki, surowy. Na pewno,
choć towarowy, ani węgiel, ani drewno,
ani rowery, ani butle z gazem
nie stały wewnątrz. Cicho, raz za razem
na dworcowym zegarze wskazówka zegara
miarowo drgała, stała, potem przesuwała
wieczność o jedną kreskę. Mijały sekundy.
Nasz pociąg ruszył, minął hałdę węgla, chmura
czarnego pyłu z deszczem osiadła na szybie.
I śpiewały zwrotnice, światła, oczy rybie
jasnych okien pociągów. Tamten w tyle został
z tajemnicą, z napisem krótkim Berlin-Wrocław
z niepokojącą ciszą wewnątrz, z białym deszczem,
który spływał po dachach i jeszcze z czymś. Jeszcze
z jakąś śmiercią, z tą rdzawą farbą na dwóch kołach.

Warszawa – Berlin, 2001

CO PRZYNOSZĄ MĘŻCZYŹNI

Wnoszą piasek na butach, śmiech i tulipany.
Swoje cyrkle, liczydła, komputery. Z giełdy
papiery wartościowe. Mapy, tajne plany
lotnisk, baz i bazylik. Mistrzowie strategii
przynoszą swe busole, zegarki, laptopy,
notatniki ze skóry i pomięte kartki,
listy od przyjaciela, który się utopił
z miłości i przynoszą mistrzowie utopii
swoje wizje przemarszów, parad i zmian warty.
Co przynoszą mężczyźni? Haki, raki, wiersze,
rzucają na podłogę spłowiałe koszule,
te podarte na żaglach, a także te które
spłowiały gdzieś wysoko w białych Dolomitach.
Pragniemy ich dla chwili krótkiego przymierza
gdy los się ogniskuje jak w źrenicy oka
światło. I punkt ciemnieje, ale się rozszerza
kąt widzenia. Jak statki w zardzewiałych dokach

A TRAIN

Outside the window, on the other side of the tracks,
orange and grey, with words in German – a train.
Stern, very heavy. Although a freighter, neither wood,
nor coal, neither gas canisters nor bikes stood
inside. Quietly, every now and then, the hand
of the platform clock quivered rhythmically, then stopped,
then heaved eternity forward by one notch.
Seconds passed. Our train moved, left a coal heap behind,
on our window-pane settled a cloud of black dust, undersigned
with rain. Points were singing, and lights, the fish eyes
of bright train windows. The other remained
with its secret, its short Berlin-Wrocław name,
its troubling inner silence, the white rain that flowed
off its roofs, and something else. Something more
like death, with this rusty paint on two wheels.

    Warsaw – Berlin, 2001

Translated by Elżbieta Wójcik-Leese

WHAT DO MEN BRING?

They bring in sand on their boots, laughter and tulips.
Their abacuses, rulers, computers. Bonds
and shares from the stock exchange. Maps, the secret
plans of airports, bases, basilicas. These strategy masters,
they bring their compasses, Swiss watches and laptops,
leather diaries and crumpled sheets of paper,
letters from a friend who drowned himself
from unrequited love; these utopia masters bring
their visions of marches, parades, changes of guard.
What do men bring? Pitons, crampons, poems,
they drop their faded shirts to the floor,
those which got torn under full sail as well as those
which faded somewhere high in the white Dolomites.
We want them for the moment of a brief covenant,
when fate focuses like light in the pupil
of the eye. When the point darkens, but the angle
of vision widens. Like ships in rusty docks

są zawsze przed wyprawą. Zawsze spakowani,
z tenisową rakietą, z cennymi punktami
za wygrywane mecze. Magnetyczna karta
z impulsami pod skórą to właśnie ich karta.
Płyniemy z nimi wierząc w morza nie zamglone,
cykady, migdałowce, łokcie opalone,
by już do końca życia żałować tej chwili.
Przynoszą sprane książki o duszy i woli
w miękkich, szarych okładkach. Lubią heretyków.
Wciskamy je na półki pomiędzy klasyków
i tak się nam księgozbiór dopełnia powoli.
Życie nam się dopełnia. I którejś jesieni
wkładamy razem z nimi smołowane płaszcze
i rozpalamy ognie, by w końcu na zawsze
odegnać z miasta dżumę, pochować do ziemi.
Zawsze ich przeżywamy. Pokruszone światło
ze starych fotografii sypie się tak łatwo
na oczy, usta, jak biały pył, wapno.

    Warszawa, maj, 2002

ZA OKNEM

Mówisz *spadł śnieg*. Za oknem ani grama śniegu.
Ja mówię *martwe liście*, Ty *kwiaty z ogrodu*.
Mówisz *lód na jeziorze*. Ani grama chłodu.
Zresztą jak ten chłód zmierzyć, tak jak puls po biegu?

Ty mówisz *bądź mi piękna, mądra, rozebrana.*
Nie jak wróbel, lub gorzej, jak wróbel płaczący.
Miej dla mnie suche oczy i śmiech wibrujący.
Ach, płacząca kobieta zawsze jest skazana.

Ja mówię *co się stanie, co się ze mną stanie,*
gdy moja piękna głowa pochyli się nisko?
gdy mi będzie za ciemno, za zimno, za ślisko?
czy zawsze, czy na pewno, czy ze mną zostaniesz?

always ready to depart. The baggage always packed,
with a tennis racket, with precious points
for matches they had won. The magnetic card
with call units, impulses under the skin, that's their asset.
We sail with them believing in fog-free seas,
cicadas, almond trees, elbows tanned by the sun
– we'll pine for this moment till the end of our days.
They bring washed-out books on soul and will
in soft, grey covers. They like heretics.
We squeeze them on the shelves among the classics
and thus our library slowly becomes complete.
Our life becomes complete. One autumn,
together with them, we put on tar-lined coats
and kindle fires to finally expel
the plague from the city, to bury it for good.
We always survive them. Brittle light
so easily falls from the old photographs
on the eyes, the lips – like white dust, like lime.

Warsaw, May, 2002

Translated by Elżbieta Wójcik-Leese

OUTSIDE THE WINDOW

You say *it snowed.* Not an ounce of snow outside.
I say *dead leaves.* You say *garden flowers.*
You say *ice on the lake.* Not an ounce of cold.
Anyway, how do you measure cold? Like a pulse?

You say *be beautiful, wise, and undressed.*
Not like a sparrow – or worse, a crying sparrow.
Have dry eyes, and laugh for me.
Shimmer. A crying woman is always cursed.

I say *what will happen, what will happen to me,*
when my beautiful head bows too low?
When things are too dark, too cold, too icy?
Will you always, will you for certain, stay with me?

Na pewno? Nic na pewno poza deszczem, chmurą.
Cóż, niepewność jest naszym ulubionym prawem.
Ale czym się wykupię, albo co zastawię,
gdy stanę naga, bosa, przed matką naturą?

Lecz znów czerwień z zielenią zaplotły się mocno
i jest ciepło, tak ciepło, gorąco i blisko.
A może nie nadejdziesz moja poro nocna?
może nigdy nie będzie za zimno, za ślisko?

Może zaraz wybiegnę i nigdzie nie zdążę.
Latarnia się rozpryśnie, wskazówka zatrzyma.
Może serce mi stanie lub szalik zawiążę
zbyt mocno. W szarej nocy szara pantomima.

Ty mówisz *śnieg*. Za oknem ani grama śniegu.
Tak kochany, jest chłodno, jest śnieżnie, jest biało.
Zawiało, zasypało, wręcz zawibrowało
śmiechem. Moim i Twoim. Ale wciąż do brzegu
daleko. I ślad łyżwy wiedzie tam gdzie kruchy
lód podchodzi już wodą. Mówisz *lód jest suchy*.

Paryż, sierpień, 2002

DZIEWCZYNA W KORDONKOWEJ CZAPECZCE

Poczuła, że triumf życia, ta niezasłużona
orgia, chociaż spychana w głąb podświadomości
jest nie do wybaczenia. Południe, gdy ona
gra na dziesięciu trąbkach, śmieje się z radości,
zmienia bluzki, sandały, spódnice, gdy kości
tamtej piach dawno przykrył, a róża czerwona
więdnie każdej jesieni, szkli się oszroniona.
Jak słońce tuż po deszczu żywa nad umarłą
triumfuje, depcze trawę, płucze śpiewem gardło,
biegnie boso przez kładkę, kaleczy się w stopę,
błyszczy lakier na deskach i krwi parę kropel.
Co to dla niej, wybranej, ocalonej, pięknej.

For certain? Nothing's for certain but the rain and the clouds.
Well, uncertainty is our favourite law!
What will I pledge with, how will I buy myself out
when I stand barefoot, naked before nature?

But now, again, the red and green are intertwined
and it's warm, so warm, so close.
And maybe you will not come, my night?
Maybe it will never be too icy, too cold?

Perhaps I will run out and never get there.
The lantern will shatter, the clock hand will stop.
Maybe my heart will stop or my scarf will knot
too tightly. In a grey night, grey pantomime.

You say *snow*. Not an ounce of snow.
Yes beloved, it is cold, it is snowy, it is white.
It swirled, it snowed, and it even shimmered
with laughter. Yours and mine. Yet we are far
from shore. And the trace of a skate leads where
the ice is wet. You say *it's dry*.

Paris, August, 2002

Translated by Ewa Chruściel

YOUNG WOMAN IN A SILK CAP

She felt the triumph of life, this undeserved
orgy, though pushed deep into the unconscious,
was unforgivable. The noon when she played
ten trumpets, laughed with joy, changed tops and shoes,
while sand long covered the other woman's bones.
Each autumn the rose withers, it glints with frost.
Like sunshine after rain, the living triumphs
over the dead one, treads grass, gurgles her throat with song,
runs barefoot across a wooden bridge, cuts her sole,
the boards shine with varnish and a few drops of blood.
Who cares; she's the chosen, beautiful and saved.

A myślała, że umrze, że serce jej pęknie,
gdy w pasmanterii zwykły niebieski kordonek
kupowała, dziergała, przeplatała szlaczkiem
w morficzne wzory, biegła do szpitala, w płaczkę
co twarz do krwi rozdziera zmieniała się w biegu,
a tamta coraz bledsza, chłodniejsza od śniegu,
czapeczka podkreślała ryte w twarzy cienie
jak naskalne rysunki zapadłe pod ziemię.

Nieborów, sierpień 2005, południe

And yet she used to think she'd die, her heart would
break when she was buying silk thread, plain and blue,
then she would crochet morphean patterns, run
to the hospital, transform into a mourner
who rends her face bloody, while the other grew
paler and colder than snow, the cap bringing out
shadows etched in the face like cave drawings
sunk deep under the ground.

    Nieborów, August, 2005, noon

Translated by Elżbieta Wójcik-Leese

DARIUSZ SUSKA

PHOTO: ELŻBIETA LEMPP

Dᴀʀɪᴜsᴢ Sᴜsᴋᴀ was born in 1968 in Złotoryja, ninety kilo-metres west of Wrocław. He studied experimental physics at the universities of Wrocław and Warsaw, and information technology as a post-graduate, but has not taken up either professionally.

He has published several books of poetry, of which *Wszyscy nasi drodzy zakopani* (All Our Dear Ones Buried, 2000) won an award from the Polish Society of Book Publishers and was nominated for the Nike Award. Another collection, *Cała w piachu* (Covered in Sand, 2004) was on the Nike shortlist. His most recent book, *Czysta ziemia* (Pure Earth), appeared in February 2008.

He lives in Warsaw with his wife Aneta, who is the author of a book about Japanese cinema, and their five-year-old daughter Natasza.

WSZYSTKIE NORY ŚWIATA,
WIĘC I TEN TU POKÓJ

1.

(dla nas żaden kłopot wynieść w pół godziny
całą tę graciarnię, za stówkę zrobimy),
żyli tu, sypiali czterdzieści lat z hakiem
na beżowej leżance, zjedz to ciasto z makiem
gadała mu w ucho, w radiu pierwszy program

leciał bez ustanku (weźmiemy się, dobra,
najpierw za ten kredens, a potem już pójdzie,
będzie więcej niż stóva, pięć dych jeszcze ujdzie?),
dziwne, dziś z ich trojga całkiem małych dzieci
dwoje ma czterdziestkę (sto dziesięć obleci?)

2.

wszystkie nory świata, więc i ten tu pokój
odtwórz im ze światła, co skupiło w oku
dzierganą serwetkę na ceracie, puste
pozłacane podstawki do szklanek i tłuste
ślady po herbacie (pewnie sprzed miesięcy),

stało się, skończony wieczny brak pieniędzy,
spalono papierosy, pozdychały króle,
ciemno jeszcze było, gdy karmił je, ule
wiatr roztrzepał, a z klatek wypadły gołębie
(aniołowie cierpiący w skórach zwierząt), wszędzie

rozleciały się głosić wiadomość: nie żyje
(myśl jak Nowosielski: wierz w to, póki żyjesz)

ALL THE HOVELS IN THE WORLD, AND SO
THIS ROOM AS WELL

1.

(we can clear all this junk out of here, no sweat,
one hour tops, a hundred'll cover it),
for over forty years they lived and slept here
on a beige-coloured sofa bed, have some poppy-seed cake she'd whisper
in his ear, the radio tuned to Station One

the whole time (all right, let's get on with it then,
we'll start with the dresser, the rest'll be easy,
though it'll cost a bit more, one fifty shall we say?),
it's strange to think of the three little kids, the oldest one
pushing forty now (will you settle for one ten?)

2.

all the hovels in the world, and so this room as well,
recreate for them, from the light gathered in the pupil,
the embroidered napkin and the plastic tablecloth, the empty
gilt glass-holders and the greasy marks from tea
(they probably came from many months before),

it's happened, the endless money troubles are gone,
the cigarettes all smoked, the rabbits dead,
it would still be dark when they needed to be fed,
the beehives blown down, the cages emptied of pigeons
(suffering angels in the skins of birds), they scattered to all the regions

of the earth to announce to everyone: he's gone
(think like Nowosielski* : believe in it while you can)

Translated by Bill Johnston

---

*Jerzy Nowosielski (b. 1923): a prominent Polish painter and theologian.

UCHYLIĆ BALKON, W POKÓJ
WWLEC BUCZENIE

uchylić balkon, w pokój wwlec buczenie
nocnych samochodów, zdać się na istnienie
żółtych latarń, które (tu, na końcu miasta)
rozpraszają ciemność, słyszeć jak narasta

praca czasu, silniejsza niż warkot silników
(jadą, jadą z puszczy, mija weekend), przykuć
wzrok do stadka wirujących muszek
pod nagą żarówką, przy pierwszym z poruszeń

burzowego wiatru pomyśleć: nie może
tak wszystko się kończyć, niżej na podłodze
zobaczyć chrabąszcza, podnieść go przez papier

i zawlec do muszli, spuścić wodę, raptem
złapać się na myśli, nawet na pewności
(zgniło a żyć będzie, jeszcze wleci w gości)

PIĘĆ DNI PRZELEŻAŁ, ZANIM WYTASZCZYLI

pięć dni przeleżał, zanim wytaszczyli
foliowy worek, sąsiedzi odkryli
taką kolej rzeczy po nieludzkim smrodzie
(w upał rzecz normalna), nie zdarza się co dzień

śmierć nagła i tutaj, dlatego stoimy,
długi serial plotek, przełykanie śliny,
wszystkie kręgi bloku gawędzą półgłosem
i ja razem z nimi, pociągnąłem nosem

(katar), nagle mówi emeryt z trzeciego
(ja mieszkam na siódmym): nie martw się kolego,
mała strata (słyszę), żona mu przed rokiem
zmarła, dzieci chyba nie miał, obojętnym krokiem

CRACK OPEN THE BALCONY DOOR, DRAG
INTO THE ROOM THE INSISTENT

crack open the balcony door, drag into the room the insistent
drone of cars in the night; trust to the existence
of yellow street lights that (here at the city's rim)
dispel the darkness; hear the swelling labour of time

more powerful than the rumble of engines (they're
all driving back from the country – the weekend's over), stare
at the swarm of flies circling beneath the bulb with no shade,
gaze as well at the first disturbance made

by the storm wind, think: everything cannot end
this way, then spot a beetle crawling on the ground,
pick it up with a slip of paper, haul it

to the bathroom, flush it away, then all at
once be struck by the thought, the certainty even
(it rotted yet will live, and will fly in to visit again)

Translated by Bill Johnston

FIVE DAYS HE LAY THERE BEFORE THEY HAULED OUT

five days he lay there before they hauled out
the plastic sack, the neighbours had realized what
was up from the inhuman reek
(only to be expected in the heat), it isn't every week

you have a sudden death here, so we mill around
amid endless bits of gossip, occasionally a swallowing sound,
everyone in the block, their voices lowered, chatting on and off
and me standing there with them, I give a sniff

(I've got a cold), all at once the retired guy from the fourth floor
(I'm on the eighth) speaks: Take it easy pal (I hear
him say), it's no big loss, his wife's been gone for years,
I don't think they had kids, so I climb the stairs

wlokę się po schodach, Pan Nikt, więc nikogo
(mnie też) nie poruszy, gdyby pod podłogą
miał worek pieniędzy no to co innego,
albo był aktorem, jednak nic takiego

mu się nie zdarzyło, żadnego odkrycia
do sprzedania prasie, nic, drugiego życia,
tak bym mógł wykonać telefon do pracy:
ludzie, macie newsa, żeby zaczął znaczyć,

a jego inicjał stanął w wiadomościach
po relacji z powodzi, żeby mógł tu zostać
i nie biegł od razu między tamte groby
(poproś, a gazeta przedłuży mu pobyt)

ZEJŚĆ DO PIWNICY, POŚWIECIĆ LATARKĄ

zejść do piwnicy, poświecić latarką
na składak Wigry, na ramę ze zdartą
srebrną nalepką, tu, gdzie porzucone
śpią piłkarzyki (bez głów), zagracone

omiatać wnętrze, grzebać wśród słoików,
sterty kartofli, świetlistych spławików,
w sufit wpatrzonych podobizn Pelego,
w błysku latarki namazaną kredą

odkryć na nowo bardzo wielką miłość
iksa z igrekiem (to, co się zdarzyło
później też widzieć: walkman, zakręt w śpiewie,
ciało igreka rozlane na drzewie)

indifferently, Mr. No One, and nobody's upset
(including me), if he'd had a sack of cash and hidden it
under the floorboards it would've been another thing entirely,
or if he'd been a famous actor, but neither of these was clearly

the case, there was no revelation to sell
to the press, no secret life for me to make a call
to the folk at work: listen guys, I have a stunning
story for you, something that would give him meaning,

have him mentioned on the TV news for some crime
after the piece about the flood, so he could linger some time
and not run off among the graves right away
(ask nicely and the newspaper will extend his earthly stay)

Translated by Bill Johnston

GO DOWN TO THE CELLAR, SHINE THE FLASHLIGHT BEAM

go down to the cellar, shine the flashlight beam
on the Wigry collapsible canoe, the picture frame
with the silver torn-off label, here, amid the sleep
of plastic soccer players (headless), sweep

the cluttered space, rummage among pots,
piles of potatoes, luminescent fishing floats,
pictures of Pele staring at the ceiling,
the flashlight's brightness once again revealing

in smudged chalk-marks the so-great love
of X and Y (and also perceive
what happened later: walkman, bend, spree,
and Y's body splattered against a tree)

Translated by Bill Johnston

W WILKOWIE TRZEBA BYŁO WYSIĄŚĆ Z PEKAESU

w Wilkowie trzeba było wysiąść z pekaesu,
a potem iść asfaltem, który koło drugiej
gotował się jak lawa, pawilon gieesu
zmieniając w okręt widmo, sypało w nas kurzem
w takie suche maje, z dna kamieniołomu
wielkie ciężarówki wracały jak wściekłe

mechaniczne monstra, pod krawędź wyłomu
strach było podchodzić, strzelali, w powietrze
leciały kamienie, bzy, korzenie sosen,
pobyt tu grozi śmiercią, informował napis,
pobyt tu grozi śmiercią, to nas ani trochę
nie mogło dotyczyć (dla porządku zapisz:

za Niemca tam była czarodziejska góra,
dom zdrojowy, podobno perełka secesji,
szkiełek było potąd, kończyły na murach
jednorodzinnych klocków, zmęczeni do reszty
wracaliśmy, by wreszcie być u siebie w domu:
na półkotapczanie, w ojczyźnie betonu)

W UBRANKU DO KOMUNII ZOSTAŁ ZAKOPANY

w ubranku do komunii został zakopany,
a były na ubranku trzy niesprane plamy,
mankiet: lody włoskie, kołnierz: po truskawkach,
a ta na nogawce to po ciemnych sprawkach:

nakradliśmy z barku beczek z alkoholem
z zagranicznych bombonier, by je spić pod stołem,
nad obrusem wujkowie stukali się Żytnią,
woń pasty do butów do dziś ma niezwykłą

moc, tchnienie czegoś znikąd przywołuje,
kiedy but spod Pałacu ściereczką szorujesz
(co u Jacka?, w ziemi?, nie, przemieszkał w paście,
zanuć co popadnie, może wreszcie zaśnie)

IN WILKOWO YOU HAD TO GET OFF THE BUS

in Wilkowo you had to get off the bus,
then follow the blacktop which at two in the afternoon
would be boiling like lava, the village co-operative building was
turned into a ghost ship, we were all strewn
with dry leaves like dust, from the depths of the quarry
huge trucks would be returning like warring

mechanical monsters, it was oh so scary
to go up to the edge of the chasm, there was firing,
there were rocks, lilac bushes, pine roots flying through the air,
danger of death read the warning sign,
danger of death, this could not in the slightest refer
to us (for thoroughness' sake write it down:

in German times there was a magic mountain here,
a sanatorium, apparently an Art Nouveau gem,
small fragments of glass were to be found everywhere,
they'd end on the walls of small stumpy houses, tired to a fault
we'd head on back so we'd finally be at home –
on a foldaway bed, in the land that concrete built)

Translated by Bill Johnston

HE WAS BURIED WITH HIS LITTLE COMMUNION SUIT ON

he was buried with his little communion suit on
and on it, in three places there was an uncleaned stain:
ice cream on the sleeve, on the collar strawberries
and the one on the leg from some nefarious business:

we'd found some foreign chocolates with liqueur, on the double
we'd stolen them from the cupboard, then drunk them under the table,
our uncles clinking their vodka glasses up above,
to this day the smell of shoe polish has an evocative

power, summoning a mysterious spirit from the air,
when you're cleaning the shoes you bought at the bazaar
(how's Jacek? is he buried? no, he's in shoe polish now,
hum a tune and perhaps he'll rest in peace somehow)

Translated by Bill Johnston

FRAGMENTY Z ROKU 2003

1.

W co się dziś bawimy? ratujemy żaby,
które przez tę szosę lezą do stawiku,
na żółtą łopatkę i do tamtej trawy
(rozjechane schną szybko), dużo przy tym krzyku:
aba tatu aba, w Państwie Piaskownicy
najlepiej się żyje i nieźle umiera,
kundelki pochowane na innej ulicy
świetnie to wiedziały (Misiek, Patyk, Ściera)

2.

A dlaczego Ściera? Bo go kopaliśmy
i sierść miał wytartą, i tarzał się w kupach,
z nami tylko trzymał, gdziekolwiek byliśmy,
Ściera się pałętał, nawet jak brał z buta,
to i tak przychodził (Ściera jest już w niebie,
bardzo płakaliśmy na jego pogrzebie)

3.

Natasza, włóż czapeczkę, bo mi się przeziębisz,
a jeszcze musimy pobiec do gołębi
(chyba że duch Ściery poznosi je w pysku),
na kręconą ślizgawkę wleziemy kołyską
z opon ciężarówy sczepionych sznurami
(trzymaj mnie za rękę, martwe jest pod nami!)

4.

Martwe jest za nami, martwe jest nad nami,
martwe szczerzy do nas, różowymi kłami
czepia się sandałka, więc my kic! w tunelik
i na drugą stronę (tacie powiedzieli,
że za dużym blokiem jest lepsza huśtawka,
tam nie napotkamy piaskowego dziadka,
który po śmietnikach grzebie za puszkami
i dzidzię zjeść może, am am, z sandałkami)

FRAGMENTS FROM 2003

1.

What shall we play at today? let's save the frogs
as they hop over the highway on their way to the pond,
put them on the yellow spade and carry them across
(the flattened ones dry quickly), there's lots of sound –
abba tattoo abba, in the Sandpit State
the living is best and the dying's not bad,
the mongrels buried on another street
knew it full well (Teddy Bear, Skin'n'Bone, Rags)

2.

Why Rags? because we kicked him all the time
and his coat was worn, and he rolled about in dirt,
he always stayed by us wherever we'd roam,
Rags would keep with us, even when he felt the boot
he would still come close (now Rags is in the sky,
at his burial we cried and cried)

3.

Natasza, put your hat on or you'll catch a chill
and we still need to call by the pigeons as well
(unless Rags' ghost will fetch them all for us),
we'll climb up the curving ice-slide on a device
made of truck tyres fastened with rope and cloth
(take my hand, what's dead is beneath!)

4.

What's dead is above us, what's dead is behind,
what's dead bares its teeth at us, pink fangs grind
and snatch at a sandal, so we dodge into the alley
and cross to the other side (Daddy heard someone say
there's a better swing behind the big apartment blocks,
where we wouldn't meet the old sand man who looks
for cans and stuff in the dumpster by the wall
and who eats children – yummy – sandals and all)

Translated by Bill Johnston

NIE GNIEĆ JEJ BUCIKIEM, OSZCZĘDŹMY TĘ OSĘ

Nie gnieć jej bucikiem, oszczędźmy tę osę,
tyle os, co w tym roku, nie żyło tu nigdy,
jak wielka żółta płachta zaległy na szosie
i oczy mi przykryły, lecz nie rób im krzywdy

(a czy tatę oszczędzi niewidzialny bucior,
gdy przyjdzie jego kolej? nic jest tutaj królem,
a nie słońce, które jakby nożem uciął
skryło się za parking), oso zostań z bólem,

my sobie pójdziemy na tamten pas trawy,
a za dziesięć minut wylądują chmury
(bucior nas nie złapie, pan pilot łaskawy
zrzuci nam drabinkę – przezroczyste sznury)

SZCZĘŚLIWY DZIEŃ, W KTÓRYM DO GNIAZDA SZERSZENI

Szczęśliwy dzień, w którym do gniazda szerszeni
Kodżak wrzucił granat i zwyciężyliśmy
(długo się nie mogłem doliczyć ich cieni,
kiedy we śnie, jak w *Roju*, gryzły mnie), dość lipny

był granat Kodżaka, bo z denaturatu,
nasączoną szmatę czuć było fioletem,
fioletu się baliśmy, to kolor zaświatów,
a zapaliliśmy fioletową rzekę

i poszliśmy na frytki polane śmietaną
do mieszkania Kodżaka, takie to zdarzenie,
czy szli wtedy przed nami mój i jego anioł?
(chciałbym, by tak było), teraz nasze cienie

leżą na podwórku (upadł przy nasypie,
nie tam, gdzie szerszenie miały kiedyś gniazda,
górnik z pierwszej zmiany znalazł go o świcie
dwudziestego marca, taka jego gwiazda)

DON'T CRUSH IT WITH YOUR SHOE,
LET'S LEAVE THE WASP ALONE

Don't crush it with your shoe, let's leave the wasp alone,
there were never as many wasps here as this year's swarm,
they covered the highway like a huge sheet of linen
and I'm sick of the sight of them, but let's do them no harm

(and will Daddy be spared by an unseen boot
when his turn comes? here nothing is king,
not even the sun, that sank behind the parking lot
like a stone), wasp, remain with your suffering,

we'll go across to the other strip of grass,
and in ten minutes' time the clouds will drop
(the boot won't reach us, the pilot is nice
and he'll throw us down a ladder – of transparent rope)

Translated by Bill Johnston

IT WAS A HAPPY DAY WHEN KOJAK THREW A BOMB

It was a happy day when Kojak threw a bomb
into the hornets' nest and we were the victors
(when they attacked me in my dream, just like in *Swarm*,
for the longest time I couldn't count their spectres)

Kojak's bomb was pretty lame, he used denatured
spirits, the soaked rag had a purple smell,
we were afraid of purple, it was the colour of the dead,
and we set alight to a river of purple

and then we went and had fries with sour cream
at Kojak's place, it was quite a day,
did our angels walk in front of us, me and him?
(I'd like to think so), now our shades lie

out in the yard (he fell by the tracks,
not where the hornets' nests once were,
a miner from the night shift found him at six
a.m. on March twentieth, such was his star)

Translated Bill Johnston

PAMIĘTNY DZIEŃ, W KTÓRYM NA
TAMTO MROWISKO

Pamiętny dzień, w którym na tamto mrowisko
spadła kara z nieba (wylewali smołę,
powstawała droga przez tępe urwisko
i sam środek lasu), czeskie tatry dołem
wywoziły z dziury gruz i tony szlamu
(może się tak chcieli dokopać do piekła,
odkrywka mimowolnie stawała się bramą,
mrówki strażnikami), lawiniasta rzeka

smoły, zmutowana w jęzor mrówkojada,
podpaliła najpierw suche kłębowiska
trawy, stare liście, aż nagle przewaga
żaru stała się istotna, zanadto przejrzysta,
by nie protestować, lecz wtedy umilkło
wszystko na komendę, w zdwojonym upale
słychać było może piszczące mrowisko
(do mrówczego boga zanoszące żale)

żywa wyspa trwała w oceanie smoły
tyle, ile mogła, potem podpełzł ogień,
z takiej odległości biurowce i szkoły,
owadzie wieżowce, były niewidoczne,
jeden z robotników rzucił białą szmatę
na sam czubek kopca, gdy się zapaliła
wziąłem nogi za pas, pobiegłem do taty
(siedział na kamieniu z papierosem, tyłem)

ZBIERACZ CHRZĄSZCZY

Zbierał chrząszcze i tyrał, aż stał się czarnym ludem
(na powiekach pył przybił mu niezmywalne pieczątki,
uwaga, idzie pedał! – darliśmy się pod budą),
zbierał chrząszcze, nie słyszał, na lekcje biologii

IT WAS A MEMORABLE DAY WHEN A PUNISHMENT FROM HEAVEN

It was a memorable day when a punishment from heaven
descended on the anthill (they were pouring tar
to make a road across the blunted ravine
and straight through the woods), the trucks drove down there
to remove the rubble and tons of mud from the pit
(perhaps they were trying to dig right to hell,
and the opening had become by chance a gate,
the ants its sentinels), the surging swell

of the river of tar, turned into anteaters' tongues,
first set fire to dry clumps of grass
and last year's leaves, till all at once
the heat gained the ascendance, too clear it was
not to protest, but then someone gave the word
and all fell silent, in the swelter made more intense
the squeaking of the anthill may have been heard
(lamentations to the god of the ants)

the living island endured in an ocean of tar
as long as it was able, then the fire moved in,
from a distance no insect structure –
office building, school, tower block – could be seen,
one of the workers tossed a white rag
on top of the mound, and when it burned
I took to my heels and ran to my dad
(he was sitting smoking on a rock, his back turned)

Translated by Bill Johnston

THE BEETLE COLLECTOR

He collected beetles and laboured till he was black from the coal
(the dust left an indelible mark around each eye,
here comes the faggot! we would shout outside the school),
he collected beetles, was hard of hearing, in biology

przynosił je nabite na srebrne szpileczki
(musiał brać wolne z kopalni, by przyjść do naszej klasy),
patrzyły na nas zdziwione, powyciągane z szafeczek,
że żyły, szukaliśmy palcem po atlasie,

zbierał chrząszcze, to zniknął (jak one porwany),
titanus giganteus, pierwszy z pięknej kolekcji,
twierdził, że aż w Ameryce złapany gołymi rękami
(czy ujrzał, kto go umiera, już chrząszcz dodany do rzeczy?)

KOPARA IM OPADŁA, KIEDY UDERZYŁEM

Kopara im opadła, kiedy uderzyłem
z wolnego, z punkt szesnastu dobrze zakręciłem
skórzakiem i lądował prosto pod poprzeczką,
trzy do zera, więc koniec, ewidentny zgon
drużyny z Krotoszyc (synowie rolników,
a my jednak z miasta, dzieci robotników,

szczebel wyżej w bycie, więc musieli dostać),
za nami stały korki, taktyka, nie prosta
kopanina po treningu w jakichś tenisówkach
(mecz się chciało zagrać w adidasach-nówkach),
nie mogli nam nic zrobić, chociaż byli pewni
swego, więc po gwizdku tym bardziej polegli

z lepiej szkolonymi cwaniakami z miasta,
patrzyła na nas w końcu cała ósma klasa,
laski na trybunach, więc musiałem ciągnąć
przez połowę boiska, odegrać na prawo,
wbiec na długi słupek i uderzyć głową,
pięć zero (jak Haiti leżeli na trawie),

he brought them in fastened with silver pins
(he had to take time off from the mine to visit the class),
they looked at us in surprise, removed from their little partitions,
that they even existed, we looked up the places in the atlas,

he collected beetles, then he disappeared (like them just gone),
titanus giganteus, of all his fine specimens the king,
he claimed to have caught it in America with bare hands alone
(had he seen who killed it, a beetle turned into a thing?)

Translated by Bill Johnston

WHEN I TOOK THE FREE KICK THEIR JAWS HIT THE FLOOR

When I took the free kick their jaws hit the floor –
I bent the leather ball, sent it just below the bar
and into the net from eighteen yards out,
three nil, and so that was that, total defeat
for the Krotoszyce team (farmers' sons from the sticks,
while we were from the town, factory workers' kids,

higher on the food chain, so they had it coming),
we had special classes, tactics, not just running
around a practice field in no-brand sneakers
(a match should be played in a new pair of Adidas),
they couldn't touch us, though they were pretty cocksure,
so when it started they were hammered all the more

by the wise guys from the town with better coaching,
after all the whole ninth grade was watching,
including some of the babes, so I had to trot
half way across the field, play toward the right,
smash into the upright and almost floor myself,
five nil (they sprawled like Haiti on the turf).

może można było nie trafić, przestrzelić,
nie dać się nieść w kółko ślepej karuzeli,
trener mógłby krzyczeć: Suska, upadłeś na głowę,
zdejmuję cię z boiska (dziękuję, sam schodzę,
skosili mnie w piszczel), Sopiński cię zmieni
(środkowy ataku z mistrzostw świata cieni)

KOŁO DWUDZIESTEGO PŁYWAŁY JUŻ W WANNIE

Koło dwudziestego leżały już w wannie,
wystawiały brzuchy (jakby trochę ranne),
palcem wskazującym pchałem je, by głębiej,
po karpiemu pływały, a te bardzo sennie

ruszały skrzelami (nazbyt pogodzone,
by boga karpi wzywać na swoją obronę?),
rzucałem im chleba, ale go nie jadły,
trochę wystraszony, bo nie znałem żadnych

sztuczek, więc wlewałem zimnicy kranówki,
żeby zeszły na dno, odblaskowe łuski
świeciły w snopie bieli tak jak w czystym lustrze,
jeszcze snop z latarki, wybijała szósta,

pryskałem z łazienki (przeciąg drzwi przymykał),
żeby z kolta na kredki załadować w bombki,
czy zapuka bóg karpi?, jego żabia świta
szorowała wannę na świąteczną kąpiel,

jedyną taką w roku, nie do powtórzenia
(miały się odezwać wszyściutkie istnienia),
czy je usłyszałeś?, spałeś, nie pamiętasz
(odsłoń umysł, rusz w podróż po jego odmętach)

maybe I could have miskicked, missed a shot, just one,
not get carried off by a runaway train,
the coach could have shouted: Suska, you hit your head
I'm switching you out (thanks, I know I'm injured,
they hacked my shin), Sopiński's your sub
(centre forward in the shadow World Cup)

Translated by Bill Johnston

BY THE TWENTIETH THEY WERE ALREADY IN THE BATH

By the twentieth they were floating in the bath
showing their bellies (as if hurt underneath),
I pushed them with my finger to make them swim deep
like proper carp, but they seemed half asleep

and just wiggled their gills (too resigned to their fate
to ask their carp-god to mediate?),
I tossed in some breadcrumbs but they wouldn't eat,
I was worried because I didn't know any techniques,

so I poured cold water from the tap to push them down,
in the shaft of whiteness their reflective scales shone
as if in a mirror, there was also the beam
from the flashlight, I heard six o'clock chime

and hurried from the bathroom (the draft slammed the door)
to shoot my pistol at Christmas tree baubles,
would the carp-god knock? his frog retinue
had scrubbed the tub for his Christmas bath, I knew,

his only one of the year (every creature on the planet
could talk like a human for that one night, legend had it),
did you hear them? you were asleep, you don't remember
(uncover your mind, go stroll among its embers)

Translated by Bill Johnston

NAZYWAŁEM TO ŻYCIEM, A ŻYCIA NIE BYŁO

Nazywałem to życiem, a życia nie było.
W resztce słońca, w pośpiechu, płacąc za benzynę,
Zobaczyłem: to nie ja. Zamiast mnie coś żyło.
Z soczystej sztucznej trawy wyrastały żywe
Organizmy prętów. Ranną tkankę stacji
Chronił, jak mógł, żywopłot z kwitnących forsycji.
To jest właśnie życie? Przesiąknięte światłem
Ciemnożółte kwiaty, kurczące się w szybach

Ruszających wozów?

– Czym pan płaci? – Niczym. I to wszystko? Życie?
Obroty plastiku, kod do wykreślenia,
Bo skończą się wpływy z godzin do zabicia.
A co z innym życiem? Było? Nie jest? Ściemnia się
Wcześniej i wcześniej, minutę po siódmej
Deszcz i patrzę w niebo, w pozaludzki rejestr.
Oddychali do zdjęcia, a byli nieżyciem,
Bo jak ponazywać to, co było. Nie jest.

Widok z samochodu. Łąka żółtych mleczy.
Przezroczysty chłopiec w przezroczystym świetle
Gonił za świerszczami, jakby były życiem.
A życia nie było. Zmienione w powietrze,
Coś jeszcze rzadszego, coś niebywałego,
Brodzącą istotkę. I nie było chłopca.
Między lewym pasem a startym chodnikiem
Nieżycie mu biegło, w koniczynie, w ostach

I CALLED IT LIFE, BUT THERE WAS NO LIFE

I called it life, but there was no life.
In the fading sunlight hurriedly paying for gas,
I saw: it was not me. Something was living instead of me.
Organic metal rods rose from lush artificial grass.
A hedge of flowering forsythia did its best
To shield the gas station's damaged flesh.
And this was life? Dark yellow blooms,
Soaked in light, compressed in the windshields

Of moving cars?

"What form of payment?" None. And that's life? That's all?
Remissions in plastic, PIN codes to be cancelled
Because there's no more income from the hours to kill.
And what of a different life. Did it exist? Does it not?
The dark comes sooner and sooner, a minute after seven
It's raining and I stare at the sky, beyond the human ambit.
They breathed for the photo, but they were not-life.
For what name can be given to what was. It is not.

The view from the car. Yellow dandelions in a pasture.
A transparent boy in transparent light
Who was chasing crickets as if they were life.
But there was no life. It was turned into air,
Into something rarer, something unique,
A little floundering being. And there was no boy.
Between the far side of the road and the crumbling pavement
His not-life ran through the clover and the hay.

Translated by Bill Johnston

TOMASZ RÓŻYCKI

PHOTO: RAFAŁ ZAREMBA

Tomasz Różycki, born in 1970, is a poet and translator. He lives in Opole. His published volumes of poetry are: *Vaterland* (1997), *Anima* (1999), *Chata umaita* (Country Cottage, 2001), *Świat i Antyświat* (World and Antiworld, 2003), *Kolonie* (Colonies, 2006), and the epic poem *Dwanaście stacji* (Twelve Stations, 2004).

His work has appeared in many periodicals and anthologies in Poland and abroad. He has won literary prizes including the K. K. Baczyński Award (1997), the Czas Kultury Prize (1997) and the Rainer Maria Rilke Award (1998). *Dwanaście stacji* won a prize for the best Book of the Spring 2004, awarded by the Raczyński Library in Poznań, and *Świat i Antyświat* was acclaimed the Best Poetry Book of 2003 in an internet poll run by Forum Krytyki Literatorium.

Różycki has been nominated for the Paszport Polityki (2004) and for Poland's top literary prize, the Nike Award (2005 and 2007). He won the Kościelski Foundation Prize (2004), and the literary journal *Zeszyty Literackie*'s Joseph Brodsky Award (2006).

PRZEPRAWA

Lewy brzeg jeszcze w ojczyźnie, a prawy już nie.
To znaczy jeszcze brzoza, ale już nie buk. A pośrodku
ryby żyją w ciemnogrodzie. Wczoraj wrzuciłem
chleb do wody i patrzyłem z daleka, jak mąci się.

Słowa wówczas wypowiadam cicho, wtedy słychać
rechot żab, mlaskanie karpi. Rano wrzuciłem do wody
chleb i patrzyłem, jak tonie. Muł pożera wszystkie
dobre życzenia, przejście jest nadal nieznane.

Dziś wróciłem i robiłem to samo, poruszając ustami
jak księżyc w czarnej wodzie. Zanim zrobisz krok,
czekaj na znak ze szlamu. Poprowadzi cię wołanie,
pocałunek posiniałych warg, lekki jak wydrążone

czółno sen. Lewy brzeg to buk, po tamtej stronie
brzoza. A na dnie łodzie stoją, ojczyzna jest za mgłą.

   maj, 1997

ŻÓŁTA NUTA

Zarówno gaśnie trawa, jak płowieją włosy
nocą. Żółty sezon w Arles, przełamane mosty
i wąskie przejścia w świetle. Są też w środku nocy
słone szpary i dymy. Na tym brzegu rosną

już tymiankowe góry, a tam jeszcze stoi
mój dom. Mam w domu lato i kartki klejone
sadzą do mysiej ściany, wchodzisz do pokoju
i światło ślini deski przez rudą zasłonę,

i kurz. Wysechł atrament i ręce mi śmierdzą
naftą i czosnkiem. I *bladozłota cytryna
i blada siarczana żółć* to jest nieśmiertelność
na palcach i nie można domyć terpentyną,

A CROSSING

The left bank is in the fatherland, but not
the right. This means the birch tree is but not
the beech. Between them fish live in the dark.
I threw some bread in yesterday and watched

it cloud the water. Then I whispered words,
frogs croaked, carp smacked their lips. At dawn I threw
some bread in, watched it sink. The silt devours
all good wishes, the path remains unknown.

Today again I did it, mouthing words
on water like the moon. Before you step,
wait for a muddy sign, a call, a kiss
from purple lips, sleep's hollowed-out canoe.

Left is a beech tree, there a birch. A boat
lies down below. The fatherland is past the fog.

    May, 1997

Translated by Mira Rosenthal

YELLOW OVERTONE

Both grass and hair are fading flaxen gold
at night. In Arles, the yellow season, cracked
bridges and narrow streets in light, and smoke
and briny crevices. On this hill here,

mountains of thyme are growing. There's my house.
Inside I've got the summer, pages stick
to mousy walls. You come into the room
and light laps at the boards through ashen drapes

and dust. The ink has dried, my fingers stink
of kerosene and garlic. *And pale lemon,
sulphurous paint*, and immortality that's on
my hands, that can't be cleaned with turpentine

tak jak plam po oliwie, tytoniu, po tobie.
Wystarczy zamknąć oczy, by zdarzył się ogień.

wrzesień, 1998

ANTYPODY

Wszystko, co nam mówili, było przecież kłamstwem,
ponieważ nikt tam nie wszedł, wszyscy udawali;
tylko siedzieli chwilę pod samymi drzwiami,
a potem się chwalili, młodym, jakie łatwe

są takie rzeczy dla odważnych. Kopnąć czaszkę,
albo dotykać kości. Drzwi były blaszane
i silnie zardzewiałe, szło się tam trójkami
wzdłuż nasypu, do stawów, gdzie łowili traszki

i gdzie miejscowi czasem robili pikniki
i bili się na noże. Tam utonął ojciec
Anki, co wyjechała i mieszkała w porcie
w Australii, w końcu świata, w krainie tych dzikich

bumerangów koala. Nie mówiłem z nikim,
ale wszyscy wiedzieli, że się w niej kochałem.
Więc poszliśmy we trójkę, Aśka, ja i Piotrek,
a co się potem stało, już się nie odstanie.

listopad, 2000

as stains from oil, from cigarettes, from you.
Just shut your eyes, and there will be a fire.

September, 1998

Translated by Mira Rosenthal

ANTIPODES

Everything that they told us was a lie.
No one went in, but they pretended to;
they only sat a minute by the door,
then boasted youthfully how easy these

things are when one is brave. To kick the skull
or touch the bones. The door was metal and
completely rusted. One went there in threes
along the bank to ponds where newts were caught

and where the locals sometimes went on picnics
and fought with knives. Anka's father drowned there,
Anka who left and now is living in
Australia, the world's end, land of wild

boomerang bears. I never told a soul,
but they all knew I was in love with her.
We went in threes, Anka, Peter and me.
What happened then can never be undone.

November, 2000

Translated by Mira Rosenthal

ZAJĄCZKI

To są czarne zeszyty, w których zapisałem
tym białym atramentem nasze dzienne sprawy
i nasze sprawki nocne, podwodne zabawy,
które tylko w ciemności pociły się ciałem.

Teraz się staną słowem, teraz zamieszkają
troszkę pomiędzy nami w charakterze zjawy
i powiesz tylko słowo, a siebie wybawisz,
poobcujesz nieskromnie w papierowym raju.

To są zimne zeszyty i w zimnym papierze
są wypalone dziury. Wewnątrz ciągle jeszcze
porusza się w lusterku rozgrzane powietrze,
a z nim całe przedmieście. Drogą na rowerze

wraca do domu dziecko, co trzyma na głowie
całe niebo z chmurami, lotnictwem i Bogiem.

    październik, 2000

PIEŚŃ DRUGA (BIBOP)

Wódka w mroźnych kieliszkach, dzwoń, dzwoń, telefonio,
twój głos jest zagubionym kosmicznym eonem,
co przenika powłoki i prześwietla błonę
czarnej mojej kochanki, srebrną kalafonią

księżyca jak obrączką dziś mi poślubionej.
Dzwoń, dzwoń, od tej pory poczerniałą dłonią
zostawię ślady wszędzie, gdzie mnie zaproszono –
na obrusach i ścianach. Poczernieje płomień

bezpańskiej zapalniczki, poczernieją sprawy
kina i sprawy świata. Czarny ksiądz zobaczy
we śnie Czarną Madonnę, filiżanka kawy
wyleje się na ścianę. Dno czarnej rozpaczy

BUNNY RABBITS

In these black notebooks, in white ink, I wrote
down all our everyday concerns, our small
concerns of night-time, underwater games
in darkness sweating and becoming flesh.

Now it will all become the word and dwell
somewhere among us as a ghost, and you
will simply say the word and save yourself,
and shamelessly commune in paper paradise.

In these cold notebooks, in cold pages, there
are burned-out holes. Indoors, a warm wind keeps
on moving in the mirror, and with it
the entire neighbourhood. On the road, a child

is biking homeward, holding on his head
the whole sky: the clouds, the air force, and God.

October, 2000

Translated by Mira Rosenthal

SECOND SONG (BEBOP)

Vodka in frosty glasses, ring, ring, phone.
Your voice is lost in cosmic aeons that
pervade the covers and expose the thin
membrane of my black lover, and the moon's

silvery rosin is her wedding band.
Ring, ring, from here on out I'm leaving marks
with blackened hands wherever I am asked –
on tablecloths and walls. A lighter's flame

goes black without an owner, world affairs
and movie business blacken. In the snow
a young black priest sees the Black Madonna,
some coffee spills. The floor of black despair

będzie na samej górze srebrnego wieżowca
i burmistrz wniesie sadzę na swych rękawiczkach
na akcję „Czyste ręce". Będzie czarną owcą
nasze białe małżeństwo i na znak dziewictwa

zawiesisz rano w oknie czarne prześcieradło.
I tyle będzie światła, ile go ukradniesz.

kwiecień. 2001

DRUGA ELEGIA NA KONIEC ZIMY
dla J. B.

Co zostanie z tej zimy? Wypalony czajnik
śpiewający elegię – mały wilk żelazny
w kuchni, ponad zaspami, które przysypały
popiołami siedzące nad szklankami ciała?

Noc się zakończy szybciej, niż zdążysz odnaleźć
drogę do swego łóżka. Trzeba będzie ścielić
sobie na cudzych stronach i między litery
kłaść się jako przecinek, zanim całe zdanie

wypowie o nas ciemność. Na walkach z ekranem
upłynął cały miesiąc – zakład był, by dotąd
wpatrywać się bez strachu w rozżarzone oko,
aż któryś pierwszy mrugnie. Podobnie przegrane

twoje słynne wieczorne pojedynki z cieniem.
Kula, pewnej czarnej niedzieli wystrzelona
w jego kierunku, wreszcie okrążywszy ziemię
właśnie teraz trafiła cię w sam środek czoła.

luty, 2002

is just like heights of silver high-rises.
Campaigning for "Clean Hands," the mayor will
have sooty gloves. Our white marriage will be
the black sheep. In the name of chastity,

at dawn you'll hang a black sheet on the window.
And there will be as much light as you steal.

April, 2001

Translated by Mira Rosenthal

SECOND ELEGY AT THE END OF WINTER
for J. B.

What will remain of winter? Just this burnt
kettle that's singing out an elegy –
the kitchen's small cast-iron wolf above
the ash that covers bodies over cups?

The night will end before you find your way
to bed, so you will have to put your sheets
on other people's pages and lie down
between the letters like a comma, till

the sentence states our darkness. A whole month
went by while battling the screen – the bet:
to stare fearlessly at the glowing eye
until somebody blinks. Just so your famed

duels lost nightly with the shadow.
A bullet shot on some black Sunday straight
in its direction, after circling the earth,
has just now hit you right between the eyes.

February, 2002

Translated by Mira Rosenthal

PIEŚŃ DWUDZIESTA PIERWSZA

   dla Doroty

W piękne dni końca świata, gdzieś w Europie Środka,
w epoce późnych śniadań, przemądrzałych skrzynek
i piejących słuchawek, w krainie blondynek
najpiękniejszych na świecie (koniec pierwszej zwrotki)

i najbrzydszych blondynów, wszystko, co robiłem,
kończyłem w twych ramionach. Mogłem więc stukrotnie
powtarzać każdą czynność i wierzyć w porządek
przypływów i odpływów, w cykle (tu przecinek),

cudowną powtarzalność. Parzyć ten sam wrzątek
i pisać dziesięć wierszy z pomocą dwóch rymów
dla tej jedynej puenty. I to, co wypiłem,
liczyło się podwójnie, z powodu wyjątku,

jaki wśród praw fizyki wprowadziła miłość,
dotykając wszystkiego, co mogła napotkać
pomiędzy mną a tobą, odmieniając obraz
tych ścian, mebli, pościeli za twoją przyczyną.

W te dni najpiękniejsze, gdzieś w Europie Środka,
w epoce późnych śniadań, gadających skrzynek
i piejących słuchawek, kochałem dziewczynę
ponad wszystko, co język mógł udźwignąć (kropka).

   marzec, 2002

KAMPANIA ZIMOWA 2003

   dla M.

   1.

Dni jednak bardzo piękne, bardzo piękne noce.
Nie ma na śniegu żadnych śladów, oprócz moich.
Pogoń, choćby zalana, choćby jej się troił
i roił każdy miesiąc, w końcu tutaj dotrze.

TWENTY-FIRST SONG

for Dorothy

On gorgeous days at the world's end, somewhere
in Central Europe, in an epoch of
late breakfast, talking boxes, crowing phones,
in a land of gorgeous blondes (end stanza one)

and ugly men, everything ended in
your arms. So hundredfold I could repeat
each action and believe in high and low
order of tides, in cycles (comma here),

in striking repetition. Boil the same
water and write ten poems with the help
of just two rhymes for only one punch line.
What I drank counted twice, because our love

had introduced exceptions into laws
of physics, touching everything it could
between us and transforming how it looked,
walls, furniture, and bedding, all for you.

On these, the most gorgeous of days, somewhere
in Central Europe, in an epoch of
late breakfast, boastful boxes, crowing phones,
I loved a girl more than words convey (full stop).

March, 2002

Translated by Mira Rosenthal

WINTER CAMPAIGN 2003

for M.

1.

The days are lovely, lovely are the nights.
There are no footprints in the snow but mine.
The chase, though drunk, though time begins to sway
and blur the months, will get here in the end.

Pusto na białym polu, zwierzęta posnęły.
Jeżeli na mnie patrzysz przez oko lunety
albo noktowizora sponad tej planety
jestem dla twych pocisków doskonałym celem.

Możesz wysłać myśliwce lub to zrobić palcem.
Kamera na podczerwień z łatwością wyśledzi
ciepły punkt pośród śniegów. Jeśli go nawiedzisz
z pomocą najmniejszego ze swoich posłańców

z ognistym mieczem w ustach, za jednym dotknięciem
przepalisz moją skórę, skruszysz moje kości,
wytopisz ze mnie ołów, rtęć, czy co tam zechcesz,
jeżeli cos zostało. To kwestia proporcji.

ŻAGLOWCE JEJ KRÓLEWSKIEJ MOŚCI

Grałem sam przeciwko komputerowi, byłem
władcą biednego kraju w Europie Środkowej,
który stał się mocarstwem dzięki mojej zdrowej
polityce, handlowi, także dzięki sile

armii i gospodarki. Jeżeli toczyłem
jakieś wojny, to po to, by ustrzec się wrogiej
agresji, lub przeciwko słabym, były bowiem
kraje, które zupełnie sobie nie radziły.

Stawiałem na administrację, dobre sądy,
egzekwowanie prawa, flotę i kolonie,
cieszyłem się szacunkiem w świecie dyplomacji
i wśród własnych poddanych. Nigdy bez powodu

nie skazałem nikogo prócz publicznych wrogów:
dezerterów, poetów, spekulantów, zdrajców.

    sierpień, 2004

An empty field of white, where animals
are sleeping. If you were to look from up
above this planet through a telescope,
I'd be the perfect target for your bombs.

You can send fighter planes, or use your thumb.
The infra-red will easily detect
the warm spot in the snow. And if you strike
the spot with help from your small messenger

with fiery sword between his lips, you'll burn
right through my skin with that one touch, crush bones,
smelt lead, or mercury, or what you want
of what is left. Proportion is the key.

Translated by Mira Rosenthal

HER MAJESTY'S FLEET

I played alone against my own computer.
I was the king of some poor country stuck
in Central Europe that became a world
power because of my sound politics

and trade, strong army and economy.
I never fought a war, except to pre-empt
enemy aggression or fight the weak,
since there were nations that were badly run.

I counted on the government, the courts
enforcing laws, the navy, colonies.
I was revered in diplomatic circles and
among my serfs. I never sentenced without

reason, except for public enemies:
deserters, poets, traitors, profiteers.

August, 2004

Translated by Mira Rosenthal

ŻYWY TOWAR

Kiedy zacząłem pisać, jeszcze nie wiedziałem,
że każde głupie słowo, raz pozostawione
na kartce samo sobie, weźmie na obronę
tyle, ile udźwignie, będzie obrastało

powoli w światło, mięso, korę, przyjmie ciało
z kobiet i zwierząt, z ziemi, spośród rzeczy słonych
i spośród spraw ciemności, że weźmie na koniec
na siebie papier, domy, ulice i chaos

wszystkich pięter kosmosu, wezwie ku pomocy
niebo i grudkę piekieł, i że będzie w nocy
poruszać się i jęczeć, gryźć i maszerować
przez wszystkie nasze łóżka, ogromne i dzikie,

ogromne i dzikie dziecko. I czarnym językiem
będzie musiało co nocy czyjejś krwi skosztować.

   listopad, 2003

MRÓWKI I REKINY
   dla A.B.

Mrówka pożera larwę, według praw natury,
a dziecko zjada mrówkę – trochę szczypie w język,
ciekawość zawsze szczypie. Dziecko połknie rekin
na rajskiej plaży Goa, lecz widzi to z góry

Bóg i złapie rekina, tak jak łapie szczura,
tygrysicę i słonia. Boga zaś poeta
pożre w swoim pokoju, on będzie niestety
żywić się wszystkim. Potwór, podobny do knura,

FRESH MEAT

When I began to write, I didn't know
that every stupid word – once left alone
on paper – would begin to take for proof
as much as it could carry, slowly be

concealed by light, meat, bark. And then it would
take on the flesh of women, beasts, the earth,
from salty things and those of darkness till
it shoulders all the paper, houses, streets,

the chaos found at every cosmic tier.
Summoning help from heaven and small clumps
of hell, at night it would begin to move
and moan, gnaw and march through beds, huge and wild,

a huge and wild child. Each night with black tongue,
it then would have to sample someone's blood.

November, 2003

Translated by Mira Rosenthal

ANTS AND SHARKS
for A. B.

An ant devours a larva, in accord
with nature, and a child then eats the ant –
it burns on the tongue. Curiosity
always burns. On Paradise Beach in Goa,

a shark will eat the child, but when God sees,
he'll catch the shark, just as he grabs a rat,
a tigress, elephant. The poet in his room
will then eat God. He'll feed on everything.

pęcznieje i wydala. Żywi się papierem,
lecz wpuśćcie go do domu, a znajdzie w pościeli
ukryte ślady po snach, po miłości – skradnie
to, co macie świętego, przeżuje, obrośnie

od tego białym mięsem i trującym włosiem,
wystarczy tylko dotknąć, otrzeć się przypadkiem.

    maj, 2005

DRYFOWANIE
    dla M. Ś.

Nocne pociągi, Polska. Papieros skręcony
z postrzępionej ciemności wolno się rozżarza.
Jak. Błędny. Ognik. Oto na jaw wyprowadza
z miękkiego ciała duszę i bardzo powoli

każe jej tańczyć. Gdzieś tu. Gdzieś tam. To boli
troszkę. To zawsze boli tak za pierwszym razem.
Więc jest nic, nic ma kolor, nic sprawuje władzę
nad fizyką, to boli. Będziemy się bronić

dymem i ogniem, będziemy się wywoływać
i mnożyć, zjawiać, być tak mocno, żeby widać
było z kosmosu. Ognik. Będziemy dryfować,
bo straciliśmy kontakt z bazą, z ziemią,

a czasem także z czasem. Polska. Nocny pociąg
jedzie z miasta A do B. Obicz opóźnienie.

    marzec, 2005

He is a monster like a boar that bloats,
excretes. He feeds on paper. If you let
him in, he'll find your dreams, love's traces on
the sheets – he'll steal what's holy, masticate,

grow pasty flesh, poisonous fur. It's enough
to touch him or brush by accidentally.

May, 2005

Translated by Mira Rosenthal

DRIFTING

for M. S.

Night trains in Poland. From the ragged dark
a cigarette begins to incandesce.
Just like. A wandering. Spark. From supple flesh
it slowly leads a soul into the light

and coaxes it to dance. Here. There. It hurts
a bit. It always hurts like this at first.
And so there is nothing, a nothing that has hue,
a nothing that's controlling physics. And it hurts.

With smoke and fire we will defend ourselves
and multiply, emerge, be so intense
as to be seen from space. A spark. We'll drift,
because we've lost all contact with the base,

with earth, in time with time. Poland. A train
travels from A to B. You work out the delay.

March, 2005

Translated by Mira Rosenthal

KORALOWA ZATOKA

Kiedy zacząłem pisać, nie wiedziałem wcale,
że się przez to tak szybko stanę tak bogaty,
że kupię sobie wyspę i będę tam latał
piętnaście razy dziennie, że będą mi fale

przynosiły butelki, że w falach nerwale
będą jadły mi z ręki, że piątą część świata
obejmie moje państwo, że zamiast wypłaty
będę przynosił muszle, że budząc się ranem

będę znajdował w łóżku szlachetne kamienie
i nic nie będzie po mnie widać. I kieszenie
będę miał wciąż dziurawe, będę z wami siadał
przy stole tak, jak zwykle, a moje kobiety,

dzieci, zwierzęta, ziemie przede mną w powietrzu
będą tańczyć, wznosić się, to znowu opadać.

     czerwiec, 2004

POŁÓW W ZATOCE

Ciało mojego ojca, który tuż przed śmiercią
stał się mym dzieckiem. Ciało, które zobaczyłem
nagle w witrynach księgarń, na wszystkich plakatach,
ekranach telewizji, po którym chodziłem,

na którym usypiałem, z niego jadłem, piłem
i na nim rosły trawy, domy – które było
wydane dla całego świata, umęczone,
skręcone, ziemia, piasek, kamienie i woda.

Ciało mojej matki, to lekkie, puste ciało,
choć wypełnione płynnym bólem, które brałem
na ręce jak wielki latawiec, i puszczałem
na wiatr, na wodę. Przychodził ktoś w nocy, wbijał

CORAL BAY

When I began to write, I didn't know
how quickly it would make me very rich,
how I would buy an island, how I'd fly
there fifteen times a day, how waves would place

old bottles at my feet, how narwhals from
those waves would eat straight from my hand, how my
estate would stretch to one-fifth of the world,
how I would bring home shells instead of pay,

and in the morning I'd discover precious
stones in the sheets, but I'd be just the same.
My pockets would be full of holes. I'd sit
with you as always at the table while

right there my women, children, livestock, land
would dance, rise in the air, then fall again.

June, 2004

Translated by Mira Rosenthal

FISHING IN THE BAY

My father's body, he who just before
his death became my child. The body that
I saw in bookshop windows, TV screens,
on every billboard, where I walked and where

I fell asleep. I ate and drank from it,
and grass and houses grew to cover it –
the body martyred, sacrificed for all
the world, writhing, soil, sand, water, stone.

My mother's body, light, an empty frame,
though filled with liquid pain, the body that
I took in hand and sailed like a great kite
on wind, on water. Someone came at night,

powoli w serce harpun, a potem wyjmował
je jak skaczącą rybę i kładł tu na stole.

    czerwiec, 2005

DOM GUBERNATORA

    dla J. P.

Kiedy zacząłem pisać, wcale nie wiedziałem,
co naprawdę wybieram, ile za to płacą
i że w tak krótkim czasie stanę się bogaty,
i jeśli czegoś zechcę, zaraz to dostanę.

Moje będą kobiety, o jakich zamarzę,
i moje wszystkie miasta, pojadę na wczasy,
gdziekolwiek tylko zechcę, zimą albo latem,
tam, gdzie wskażę na mapie, bez żadnych bagaży,

prosto z łóżka, bez spodni. Zamieszkam na skale
w rybackim domku w Grecji, i ktoś się postara
o wino i oliwki. I tak będzie co dnia.
I codziennie fortuna moja będzie wzrastać,

i co dzień nakupuję czekolady, masła,
i to będzie tak leżeć, bo nie będę głodny.

    maj, 2004

drove a harpoon into my heart, caught it like
a jumping fish, and laid it on the table.

June, 2005

Translated by Mira Rosenthal

THE GOVERNOR'S RESIDENCE

for J. P.

When I began to write, I didn't know
what I was really choosing and how much
they'd pay, that I'd become so quickly rich,
that anything I'd want could soon be mine –

the women and the cities of my dreams.
That I would travel when and where I want,
in winter or in summer, go where I
happen to point to on the map, without

a suitcase, straight from bed, without my pants.
I'd settle in a fishing hut in Greece,
and someone would bring wine and olives daily.
And day by day my fortune would increase,

and daily I'd stock up on chocolate, butter
that would sit there, for I would feel no hunger.

May, 2004

Translated by Mira Rosenthal

MACIEJ WOŹNIAK

PHOTO: MONIKA MOSIEWICZ

MACIEJ WOŹNIAK, born in 1969, is a poet and music critic. His poetry books are: *Srebrny ołowek* (Silver Pencil, 1998), *Illuminacje. Zaćmienia. Szarość* (Illuminations – Eclipses – Greyness, 2000), *Obie strony światła* (Both Sides of the Light, 2003), *Wszystko jest cudze* (Everything belongs to Someone Else, 2005) and *Iluzjon* (2008).

He has also published reviews, columns and essays on music in journals including *Tygodnik Powszechny* and the literary periodical *Studium*.

He lives in Płock.

NOWY JORK, CZERWIEC 1955
(Glenn Gould nagrywa Wariacje Goldbergowskie Bacha)

Wybaczcie mi ten pośpiech. Lecz do końca świata
pozostało nie więcej niż osiemdziesiąt osiem
fortepianowych klawiszy. Dwa pająki dłoni
cierpliwie snują gęstą jak płótno pajęczynę
dźwięku. Całun, na którym można będzie kiedyś
zobaczyć odciśniętą pieczęć mojej twarzy.

Wybaczcie mi ten pośpiech. Nie chciałem dodawać
niczego od siebie. Może poza nierównym, zbyt
krótkim oddechem. Poza kilkoma haustami
szpiegującego płuca powietrza. I lękiem
przed wzbierającą wokół przestrzenią, po której
unoszę się powoli w bezskrzydłej ważce ciała.

Wybaczcie mi ten pośpiech. Nie wolno zakłócać
świętego spokoju uśpionych arcydzieł
bez powodu. W gardle i pod powiekami
zbyt wiele jednak miałem smrodu spalin,
warkotu motocykli Harleya i żółtych taksówek,
krążących nad dnem miasta jak podwodne łodzie.

Wybaczcie mi ten pośpiech. Lecz nie byłbym z wami
szczery udając, że czuję się dobrze. W tym świecie
napędzanym przez wojny i mody. W powietrzu
pełnym zarazków i zdradliwych uczuć. Mieć coś
wspólnego z rzeczywistością, co za kolaboracja;
stąd mój pośpiech, nerwowość, zadyszka. Wybaczcie.

LONDYN, LISTOPAD 1936
(Pablo Casals nagrywa suity wiolonczelowe Bacha)

To zdjęcie w chmurze dymu dziwnie uspokaja.
Pozwala wierzyć, że wiedział, co nadchodzi.
Chciał zamknąć dzieło. Czując, że już wkrótce
bunkry Maginota nie okażą się lepszą osłoną
od ulotnych jak pył z dmuchawca preludiów

NEW YORK, JUNE 1955
(Glenn Gould records Bach's *Goldberg Variations*)

Forgive the rush. Till the end of the world
no more than eighty-eight
piano keys. The two spiders of my hands
patiently spin thick cloth, the cobweb
of sound. The shroud that will reveal
the stamped impression of my face.

Forgive the rush. I didn't want to add
anything from myself. Besides too short,
uneven breath. Besides a few gulps
of air spying on the lungs. And the fear
of space welling up, where I slowly float
in the wingless dragonfly of my body.

Forgive the rush. No one should disturb
the blissful peace of sleeping masterpieces
without good reason. Under my eyelids,
down my throat I had, however, too much
stinking fumes, the whirr of Harleys, yellow cabs
cruising above the city floor like submarines.

Forgive the rush. Otherwise I wouldn't be
frank, pretending I feel good. In this world
driven by wars and fashions. In the air
filled with viruses and treachery. To share
something with reality – what a collaboration;
hence my rush, anxiety, shallow breath. Forgive me.

Translated by Elżbieta Wójcik-Leese

LONDON, NOVEMBER 1936
(Pablo Casals records Bach's *Cello Suites*)

This photo in the smoke cloud strangely reassures.
Allows us to believe he realized what was coming.
He wished to complete his work. Suspecting that soon
the Maginot bunkers wouldn't prove a better shelter
than Debussy's preludes, ephemeral dandelion clocks;

Debussy'ego, kanał La Manche nie obroni lepiej
niż aria Purcella, a polscy ułani, szarżując
przeciwko czołgom, rozpłyną się w powietrzu
łatwiej i bezboleśniej niż mazurki Chopina.

To zdjęcie w chmurze dymu dziwnie uspokaja.
Choć smutne, znużone oczy mówią: na nic,
wszystko na nic. Potem już nawet zwycięstwo,
spalenie Drezna, zbombardowanie Berlina,
jedynie potwierdzi, wzmocni ostateczny
triumf śmierci. Cóż zatem może pozostać
jako opłatek życia, wyrwane w ostatniej chwili
jeszcze bijące serce Niemiec? Tylko Bach.
Szorstki język prawdomównej wiolonczeli.

To zdjęcie w chmurze dymu dziwnie uspokaja.
Pozwala wierzyć, że wiedział, co nadchodzi.
Od dawna słyszał kroki. To szły obydwie
śmierci. Jedna po ludzi, miasta i ogrody.
I ta druga, cichsza – po wiarę, filozofię,
sztukę. Być może tylko na wszelki wypadek,
kończąc papierosa, czując rozpięte w ciele
zamiast tętnic wiolonczelowe struny, czytając
rzędy nut jak linie na dłoni, siadał i grał.

FRANÇOIS COUPERIN DAJE TRZY LEKCJE CIEMNOŚCI

Lekcja pierwsza. Pascal nie żyje prawie od
pół wieku. Jeżeli nawet wygrał zakład,
to w jakiej walucie odbierze swoją wygraną:
w winie, w kobietach, czy w śpiewie? Wątpię,
szczerze wątpię. Jedyną monetą, którą
bije się po tamtej stronie jest ciemność.

that the English Channel would not protect better
than Purcell's aria, and the Polish cavalry charging
against tanks would dissolve in the air
more easily and painlessly than Chopin's mazurkas.

This photo in the smoke cloud strangely reassures.
Though the sad, tired eyes affirm: in vain,
all in vain. Afterwards even the victory,
the burning of Dresden, the bombing of Berlin
would only confirm and reinforce the ultimate
triumph of death. What, then, might persist
as a holy wafer of life, the still beating heart
of Germany torn out at the last moment? Only Bach.
The rough tongue of the truth-telling cello.

This photo in the smoke cloud strangely reassures.
Allows us to believe he realized what was coming.
He kept hearing steps. There came both
deaths. One – for people, gardens and towns.
The other, quieter – for faith, philosophy,
art. And possibly to forestall every chance,
finishing his cigarette, feeling taut cello strings
in place of arteries, reading – like lines on the back
of his hands – the rows of notes, he sat down and played.

Translated by Elżbieta Wójcik-Leese

FRANÇOIS COUPERIN GIVES THREE LESSONS ON DARKNESS

Lesson one. Pascal has been dead for nearly
half a century. Even if he'd won the bet,
what currency would his winnings be:
wine, women or song? I doubt it,
I honestly doubt it. The only coin
minted on the other side is darkness.

Lekcja druga. Giordano Bruno spłonął
sto lat temu. Czy sądził, że skoro Ziemia
jest okrągła, nie ma pod nią Piekła? A ono
rośnie wokół, co dzień brukowane pobożnymi
życzeniami, dobrymi chęciami. Pod ręką
papistów i reformatów tak samo kwitnie ciemność.

Lekcja trzecia. Za sto lat zginie Danton,
zdradzony przez wolność. Tę samą, w którą
tak wierzył. Czyżby jedyna równość dana nam
to skwapliwe, spadające ostrze? Zaś braterstwo,
które nas czeka, to kojąca ból, uciszająca
serca, kładąca się miękko na twarz ciemność?

TRZY UTWORY NA DWA GŁOSY I LUTNIĘ
(Emma Kirkby i David Thomas śpiewają pieśni Dowlanda)

I.

Znów cicho pytam (gdy ostatnia kropla zachodzącego światła
spływa po rynnie horyzontu) czemu kolejny dzień się kończy
zanim się zaczął (stosy gazet i książek, nie przejrzanych nawet,
w sen zapadają niespokojny) zanim zdążymy się uwolnić
od żalu, gniewu i zmęczenia (a płyta, której nikt nie zmienia,
śpi na talerzu gramofonu, obok dwie inne, zakurzone,
brudne talerze drzemią w zlewie) dlaczego serce cichnie? (Nie wiem)

II.

Znów cicho pytam, (gdy idziemy tym miastem, głuchym, ślepym, niemym,
jakby usypał ktoś mrowisko) czemu wysycha w nas to wszystko,
co biło pulsu silnym źródłem (ze sterty puszek, szkła i pudeł
po garnkach i telewizorach, lodówkach) czemu jeszcze wczoraj
jak iskry skrzyły się rozmowy (i telefonach komórkowych,
które się piętrzy, rośnie w górę, rdzą blachy i pleśnią tektury
ziemię zasłonić chce przed niebem) dlaczego czułość stygnie? (Nie wiem)

Lesson two. Giordano Bruno burnt
last century. Did he think, given the Earth
is round, there's no Hell below? But
it grows around, paved daily with good
will and wishful thinking. Under the hand
of Papists and Reformati – blooming darkness.

Lesson three. In a hundred years Danton will die,
betrayed by liberty. The same he cherished dearly.
Is, then, the eager falling blade the sole equality
we're entitled to? And fraternity awaiting us –
is it the one that comforts hearts, soothes pain
and gently covers our faces: darkness?

Translated by Elżbieta Wójcik-Leese

THREE PIECES FOR TWO VOICES AND LUTE
(Emma Kirkby and David Thomas sing Dowland's songs)

I.

Again I ask softly (when the last drop of the setting light
flows down the horizon spout) why yet another day is out
before it began (piles of newspapers and books, unbrowsed,
fall into restless sleep) before we succeed in breaking free
from anger, weariness and sorrow (a record no one wants to borrow
sleeps on the gramophone, beside two others overgrown
with dust, dirty plates doze off) why does the heart go quiet? (I don't know)

II.

Again I ask softly (when we walk down the streets of this anthill town:
deaf, blind and mute) why all inside us that was once the source
of our strong pulse dries (a heap of cans, cardboard and glass,
boxes emptied of TV sets and pots, fridges) why it was lots
of sparked-off conversations only yesterday (and mobile phones;
the heap that grows enormous, swells and hopes to hide the earth
from sky with rust and mould) why does tenderness cool? (I don't know)

III.

Znów cicho pytam (kiedy gąbka ciała tęsknotą nam nasiąka
za tym, by jeden dotyk dłoni) dlaczego już mnie nie osłonisz
przed resztą świata, która (uśmiech) nie tobą jest, czemu przed pustką,
która mną nie jest (pocałunek) ja ciebie już nie uratuję,
ani przed łzami (z bólu leczył, za tym, by każda z drobnych rzeczy,
błahych, banalnych i codziennych mogła dopomóc nam w tym jednym,
a nie oddalać wciąż od siebie) dlaczego miłość gaśnie? (Nie wiem)

KOŁYSKA

Masz ciało kobiety, którą ktoś kocha. A to się
rzadko zdarza. Twarz tak pięknie masz wpiętą
we włosy. Kiedy idziesz ulicą, światło w twoich
źrenicach jest jak dalekie echo czyjegoś oddechu,
jak niewygasły popiół po szepcie, którym w nocy
ktoś wzywał twoje imię, i to nienadaremno. Kiedy
unosisz głowę lub wyciągasz rękę, powietrze tuż
przed nią rozstępuje się, cofa, jakby twój wdzięk
onieśmielał je trochę. Masz ciało kobiety, którą
ktoś kocha. Którą ktoś nauczył ufać pieszczotom
i pocałunkom. Która już się nie boi, że powoli
usycha i ginie. Że może służyć tylko pożądliwości
obcych lub małżeńskiej rutynie, gdy zamyka się
oczy, próbując być gdzie indziej. Czyjś czuły
dotyk, zaklęcia opuszków palców i nieme słowa,
niesione ostrożnie na samym koniuszku języka,
zdołały cię odczarować. Jakby wrzeciono czasu,
którym się ukłułaś, przebiło jedynie samą skórę,
lecz nie zatruło krwi. Dlatego masz ciało kobiety,
która żyje, a nie tylko śni. A to się przecież zdarza
rzadko i na pewno nie wszystkim. Jakby twoje serce,
dziecinnie rozmarzone, ktoś brał czasem w ramiona
i wyjmował z ciała jak małą dziewczynkę z kołyski.

III.

Again I ask softly (when the body sponge soaks up the longing
for a touch of hand) why you can no longer grant
a shelter from the world, which (a smile) is not you, why
I won't rescue you from emptiness, which is not me (a kiss)
nor from tears (that could heal the pain; for every tiny thing,
however banal, common, trite, that could help us unite,
and not to part us any more) why does love wane? (I don't know)

Translated by Elżbieta Wójcik-Leese

A CRADLE

You have the body of a loved woman. And this
is rare. Your face so beautifully pinned
into your hair. When you walk, the light in your
eyes resembles a far echo of someone's breath,
like the still glowing ash of whisper that summoned
your name at night, not in vain. When you
lift your head or stretch out your hand, the air
in front parts, withdraws, as if your charm
made it a little timid. You have the body
of a loved woman. Who was taught how to trust caress
and kisses. Who is no longer afraid that she's slowly
drying up and dying. That she may serve others' lust
or marriage routine, when one closes
one's eyes hoping to be somewhere else. A tender
touch, vows of fingertips and mute words
carried cautiously on the very tip of the tongue
have lifted the spell. As if the time spindle
which pricked you pierced your skin but
didn't poison your blood. That is why
you have the body of a woman
who lives, who doesn't only dream. And this is
rare, not everyone shares the experience. As if
your heart, in childlike reverie, was hugged and lifted
out of the body like a little girl out of the cradle.

Translated by Elżbieta Wójcik-Leese

KLEPSYDRA

Jesteś klepsydrą. Wysmukłym naczyniem
dla kropli krwi i dla minut. Dla uczuć i dla
myśli. Dla pocałunków. Kiedy cię trzymam
za biodra, tak jak lubisz, i jakby to wszystko
miało trwać wiecznie, czuję, że się sypią
przez twoje ciało jak ziarenka piasku. Skóra
jest wtedy przezroczysta, a w ciemnym blasku
źrenicy rozchylonych ust można zobaczyć,
jak spadają w dół, odmierzając czas, który
pozostał do nigdy. Gdy obok siebie leżymy,
cicho szeleszczą nam włosy, jakbyśmy sami
spadali na dno nocy, ogromnej klepsydry.

KIEDY UMRĘ, BĘDZIESZ MI SIĘ ŚNIŁA

Kiedy umrę, będziesz mi się śniła. Jak łza
może śnić się oczom. Uśmiech ustom. Jak noc
może śnić się gwiazdom, gdy w świetle dnia
bledną. Kiedy umrę, kiedy przykryję się pustką,
jak dobrze wykrochmaloną kołdrą, na pewno
przyśnią mi się twoje stopy, w letnich sandałach
i na obcasach, na plaży, na trawie, albo oparte
na moich ramionach, których nie będę już czuł,
których już nie będzie, na pewno się przyśnią
twoje słowa, melodyjne, dźwięczące w powietrzu
srebrzyściej niż krople deszczu. Gdzieś w głowie,
rozwianej na popiół, w pył, w ciszę, nadal będę cię
słyszał. Kiedy umrę, kiedy już całkiem ostygnę,
ogłuchnę i oślepnę, przyśni mi się twoje ciepłe,
chętne do pieszczot ciało. A twoje miękkie włosy
będą dalej rosły, i łaskotały mnie w brodę, i w tej
matowej ciemności delikatnie lśniły. Kiedy umrę,
tak jakby nic się nie stało, będziesz mi się śniła.

HOUR-GLASS

You're an hour-glass. A slender vessel
for drops of blood and minutes. For feelings
and thoughts. For kisses. When I hold
your hips the way you like, as if
all of these were eternal, I can feel them
sift down your body – a trickle of sand.
Your skin is transparent: in the dark light
of the pupil of your parted lips I can see
them fall measuring time left
to never. When we lie side by side,
our hair rustles softly, as if we too
were falling to the bottom of the night
– an enormous hour-glass.

Translated by Elżbieta Wójcik-Leese

WHEN I DIE, YOU WILL VISIT MY DREAMS

When I die, you will visit my dreams. Like a tear
that comes to the eye, a smile to the lips. Like night
visiting the dreams of stars when they fade
at daylight. When I die, when I tuck myself in
under emptiness, a well-starched duvet,
no doubt I'll dream about your feet,
in high-heeled shoes or summer sandals,
among the grass, on the beach,
leaning against my arms I will no longer feel,
the arms that won't exist; no doubt I will dream
your words, melodious, ringing in the air
more silver than raindrops. Somewhere
in my head, scattered to ashes, dust, silence,
I will hear you. When I die, when I go deaf,
cold and blind, I'll dream your warm eager body
waiting for caress. Your soft hair will grow,
tickle my chin and shine gently
in the matt dark. When I die, as if
nothing's changed, you will visit my dreams.

Translated by Elżbieta Wójcik-Leese

**WIERSZ, KTÓRY POMYŚLAŁA SOBIE VIRGINIA WOOLF,
LECZ NIE PRZYSZŁO JEJ DO GŁOWY, BY GO ZAPISAĆ**

Gdyby Bóg był mężczyzną, skąd świat brałby całą
swoją czułość, niepewność, niezdecydowanie,
swój nieobliczalny wdzięk i migotliwy urok,
które na każdą uczoną odpowiedź znajdują
jeszcze bardziej dziecinne pytanie. Gdyby Bóg
był mężczyzną, czy w jego logicznym umyśle
zmieściłaby się cała chwiejność świata, który
stale jest równie bliski śmiechu co i płaczu,
powagi i kokieterii, prawdy i teatru. Ta zmienność,
irytująca niestałość, codzienna cyklofrenia
sekund, minut, godzin, kaprysy pór roku:
zakochane euforie wiosen, lata jak duszne
migreny, krwawiące periody jesieni, i zimy,
ich roziskrzony niepokój w pozornie oziębłych
ciałach. Chociaż z drugiej strony, gdyby Bóg był
mężczyzną, wtedy wszystko, cały ten korowód
niespełnionych istnień, drapieżne szaleństwo
ambicji, agresji, wojen, gnijące w okopach
ciała mężów i chłopców, i gnijące w domach
ciała córek i żon, wtedy świat wyglądałby
dokładnie tak. Wystarczy spojrzeć w dół,
na leżące w studniach męskich umysłów
srebrne monety snów. I na to, co jest na nich
wygrawerowane, przez ślepą żądzę, pychę,
zaborczość i strach. Gdyby Bóg był mężczyzną,
to właśnie byłoby w jego snach. Przez jego głowę
wędrowałyby całe wieki barbarzyńskie plemiona,
wyprawy krzyżowe, wielkie armie Napoleona
i brunatne koszule, tak samo paląc, mordując,
w imię tej samej prawdy, z której świat może
uleczyć tylko miękkość, łagodność i kruchość
kobiety. Dlatego nie wiem, jak można pokochać
mężczyznę, otworzyć się przed nim na oścież
i oddać mu bez granic całe bogactwo dotyku,
od wąskich szczelin szeptu po urwiska krzyku,
od ognia po aksamit, te kilkadziesiąt strun
w harfie kobiecej miłości za jeden jedyny
hydrauliczny mechanizm. A więc gdyby Bóg

**A POEM WHICH OCCURRED TO VIRGINIA WOLF,
BUT SHE NEVER THOUGHT OF WRITING IT DOWN**

If God were a man, how would the world get
its tenderness, uncertainty, and hesitation;
its shimmering charm and unpredictable grace,
which find a more childlike question
to every learned answer. If God
were a man, would his logical mind
embrace the instability of the world,
which is reduced to laughter as much as to tears,
seriousness and coquetry, truth and theatre.
This irritating fickleness, lack of resolution,
everyday maniac-depressive disorder
of seconds, minutes, hours; the capricious seasons:
euphoric springs in love, summers like stuffy
migraines, bleeding periods of autumns, and winters,
their sparkling anxiety in seemingly cold
bodies. On the other hand, if God were
a man, everything – all this parade
of unfulfilled beings, the predatory madness
of ambition, aggression, war, bodies
of men and boys rotting in trenches, bodies
of daughters and wives rotting at home –
the whole world would be exactly like this.
It is enough to look down,
at the silver coins of dreams in the wells of male brains,
at what's been engraved by blind lust, vanity,
possessiveness and fear. If God were a man,
that's what would fill his dreams. His head
would be crossed by barbaric tribes,
crusades, Napoleon's great armies
and Brownshirts, burning and killing
in the name of the same truth, which can be cured
only with the softness, benevolence and fragility
of a woman. So how can you fall in love
with a man, how can you open yourself
and offer him all the richness of touch:
the narrow fissure of whisper and precipice of shout,
the fire and velvet, the several dozen strings
in the harp of woman's love – in exchange for one
hydraulic mechanism. If, indeed, God

był mężczyzną, i wbrew mojej woli, na siłę
skazał mnie na swój świat, choćby był ojcem
lub mężem, zawsze usłyszy ode mnie: jaką
mnie stworzyłeś, takiej nie będziesz mnie miał.

BIEDNA KLARA SCHUMANN
dla J. D.

Im bardziej cię nie ma, biedna Klaro Schumann,
tym bardziej jesteś mi bliska. Im więcej wokół
świata, z którego zostaje w nas raptem tyle,
co wody w durszlaku, tym bardziej nie potrafię
o tobie nie myśleć. Muzyka to zamknięta, lecz
przezroczysta trumna. Tym lepiej cię w niej
widać, biedna Klaro Schumann, im stajesz się
dalsza i bledsza, i cichsza. W nocy słucham ballad
zakochanego w tobie nieszczęśliwie Brahmsa,
a ty w tej samej chwili, choć dwa wieki temu,
na zawsze przysięgasz wierność umarłemu. Kto wie,
być może aż tak ślepo kochać to jedyna szansa,
żeby kochać naprawdę, nieważne jak absurdalnie
długo potrafi trwać życie. Ocierasz twarz dłonią,
biedna Klaro Schumann, by nikt nie widział słonej
kropli przemierzającej policzek. Przybywa wokół
świata, lecz w nas zostaje raptem tyle, że kot by
więcej napłakał. Słucham i czuję, jak dokładnie
teraz, zastygła we łzie czasu, na zawsze wybierasz
wierność mężowi, który cię zdradzał ze wszystkim,
z czym umiał: z muzyką, potem z szaleństwem,
a w końcu ze śmiercią. Znów jest noc, Brahms
przed chwilą wyszedł, w dół schodzą kroki, coraz
cięższe klawisze. On także dawno umarł. I ty
umarłaś, biedna Klaro Schumann. Między wami
wszystko skończone. Z życia nie wychodzi się
przez drzwi, z życia wychodzi się przez siebie,
umieramy każdy w swoją stronę. Lecz im więcej
czasu między nami, i świata między dziurawymi

were a man, and he forced me to accept his world,
even if he were my father or husband,
he would always hear: you have created
me such, but such you will never have me.

Translated by Elżbieta Wójcik-Leese

POOR CLARA SCHUMANN

for J. D.

The more you're absent, poor Clara Schumann,
the more I feel your closeness. The bigger the world
leaving not much inside us, just water in a sieve,
the harder it is not to think of you. Music
is a shut but transparent coffin. The more distant,
paler and quieter you become, the clearer you are,
poor Clara Schumann. At night I listen to the ballads
of Brahms, so miserable in love with you, and
at this very moment, though two centuries ago, you
vow eternal faithfulness to the dead one. Who knows,
maybe such a blind love offers the only chance
to love truly, no matter how absurdly
long life can last. You wipe your face with your hand,
poor Clara Schumann, so that no one can notice
the salt drop roll down your cheek. The world accrues,
yet leaves next to nothing inside us. I listen and feel
how at this very moment, fixed in the tear of time,
you choose eternal faithfulness to your husband,
who betrayed you with everything: music, then madness,
and finally death. It's night again, Brahms
has just left, the steps lead down, more and more
heavy, the piano keys. He, too, died long ago. And you
died, poor Clara Schumann. All between you and him
is finished. We don't leave life through the door, we leave
life through our selves: we die each our own way.
Yet the more time there is between us, the bigger

jak sito zmysłami, im bardziej się nawzajem
nie możemy słyszeć, im jesteś dalsza i cichsza,
biedna Klaro Schumann, im bardziej cię nie ma,
tym bardziej nie potrafię o tobie nie myśleć.

ZAKRĘT WISŁY

Rzednie mgła. Łąka drze na strzępy dopiero co
pisany list do chmur. Rzeka wchodzi tu w zakręt
z ostrym piskiem rybitw, nabiera w usta żwiru, jakby
ćwiczyła dykcję. Kamienna ostroga leży na falach
jak brzytwa. Chwytają się jej porwane przez nurt
pająki, żuki, biedronki. W cieniu obok prądu
czekają na nie rybie pyski, które nie pogardzą
i czereśnią zarzuconą na wędce przez chłopca
w krótkich spodenkach. Dwóch takich utopiło się
tu któregoś lata. Ich sny leżą gdzieś na dnie
w płaskich muszlach małży. Woda nad ich głowami
jest gładka jak marmur. Zmarszczki zdarzeń,
drobne ślady startujących kaczek, ciemne usta
wirów, kółeczka jazi chwytających owady,
znikają z niej łatwo. Po naszych cieniach
w trawie nie zostało nawet jedno zgniecione
źdźbło. A poruszone przez nasze stopy
mgliste galaktyki mułu, piasku, kamyków
łagodnie opadły na dno. Gdzieniegdzie przy brzegu
kręci się trochę piany, dwa korki, lokówka,
kilka suchych gałązek. Potem nurt przyśpiesza,
odsuwa się od wału i łąki. Otrząsa się gwałtownie
z ptaków, łódek i spławików wędek. Jak pies
otrząsa sierść, wychodząc na brzeg z kijem w zębach.

the world in our sieve-like senses, the more we are unable
to hear each other, the more distant and quieter you are,
poor Clara Schumann, the more you're absent,
the harder it is not to think of you.

Translated by Elżbieta Wójcik-Leese

BEND IN THE VISTULA

Fog disperses. The meadow tears to pieces its fresh
dispatch to the clouds. Here the river enters the bend
with the shrill squeak of terns, it takes a mouthful of gravel
to exercise elocution. The stone groyne lies on its waves
like a razor blade. Or the last resort for the current-swept
spiders, beetles, ladybirds. Shaded, close to the whirlpool,
fish muzzles crave them, not despising even a cherry
cast for bait by a boy in shorts. Two drowned here
one summer. Their dreams lie on the river-bed
in flat mussel shells. The water above their heads
is marble smooth. The ripples of events,
the frail wake of ducks taking off, the dark mouths
of whirls, the eddies of ide catching insects
vanish only too easily. Our shadows
in the grass have left behind not a single
creased blade. Disturbed by our feet,
foggy galaxies of silt, sand and stones
have gently drifted down. Here and there
by the shore swirls of foam, two corks, a curler,
a couple of dry twigs. Then the current gains speed,
moves away from the bank and the meadow. Rapidly
shakes off petals, boats and fishing floats. Like a dog
shaking its fur, out of water, a stick between its teeth.

Translated by Elżbieta Wójcik-Leese

KWIECIEŃ, CHŁÓD RANO

Ból w skroni. Tędy szary, odlany z chłodu
kwietniowy świt zagląda w głowę. Za oknem
szron. I zwiędłe łodygi piwonii, jak sine smugi
na przegubach rąk. *Mors stupebit et natura,*
cum resurget creatura. Po hałdzie żużlu, którą
sąsiad, pan Leszek, przywiózł tu chyba jeszcze,
kiedy żył, wspina się blask. Liczy okruchy na stole,
patrzy przez brudne szklanki. Jakby grzebał
w urnach, żeby przesypać wczoraj w dziś. *Judicanti*
responsura. Chór z Mozarta, po ciemnej hałdzie
rosnącej ciszej niż kurz na półkach, niż plama pleśni
na ścianie, wędruje kręgosłupem w górę. W nocy
mocno trzymałem cię za nadgarstki, próbując wejść
głębiej, pod żużel. Idąc do furtki, mijasz stertę
desek, pustaków, nadgniłych liści. A w nich
zeschłe tułowia os i pszczół, które w szczelinach
znalazł mróz i kazał wracać tam, skąd przyszły.

PROBOSZCZEWICE

Pętla „szesnastki" sinym, odmrożonym świtem:
z jednej strony łagodny pagórek z cmentarzem,
a z drugiej napis *Wiele serc i jedno bicie,*
Wisła Płock ponad życie na wytartej ścianie

jakiegoś magazynu. Tę metafizykę
dopełnia skrzyżowanie drogi w stronę Białej,
w którą skręca autobus, i tej ze sklepikiem,
gdzie się sprzedaje wódkę i pieczywo. Całe

rzucone między pola i w śnieg uniwersum,
peron, żeby poczekać, jak w każdym ze światów,
aż osobowy czasu lub pośpieszny sensu

APRIL, COLD IN THE MORNING

Pain in my temples. Here cast in cold
the grey April dawn peeps into the head. Outside,
frost. And wilted peony stems like livid streaks
on the wrists. *Mors stupebit et natura,*
cum resurget creatura. Up the gravel
heaped by Leszek, the neighbour, while still alive,
climbs light. It counts crumbs on the table,
peers through dirty glasses. As if it rummaged
in urns to sift yesterday into today. *Judicanti*
responsura. Up the dark heap, which grows
more quietly than mould or dust on the shelves,
the Mozart chorus travels along the spine. At night
I held you tight by your wrists, trying to enter
deeper, under the slag. Approaching the gate,
you pass the pile of planks, bricks, rotten leaves. Inside,
the dried trunks of wasps and bees found in the crevices
by frost: they were told to go back where they'd come from.

Translated by Elżbieta Wójcik-Leese

PROBOSZCZEWICE

The "sixteen" depot at a livid dawn,
frost-bitten: a cemetery up the hill,
graffiti on the threadbare warehouse wall:
Many hearts beat as one, Wisła Płock will

live on. This metaphysics comes complete
with the crossroads: one road to Biała, where
the bus turns; the other with the backstreet
store selling vodka and bread. Dropped in bare

fields, among deep snow, the whole universe;
the platform to await, as in every world,
a train of time, or a fast train of sense

zabierze dokądkolwiek. Drobne ślady ptaków,
oba pobocza pełne wpół zatartych wersów.
Kohelet? Księga Wyjścia? Wszystko po hebrajsku.

SUKIENKA

Nie rozpinaj mnie. Trzeba mnie ubrać w skórę: w tę lnianą
sukienkę, chyba za wcześnie zdjętą ze sznurka po praniu,
bo wilgotny materiał czyta ciało, jakby bandaż uczył się
kształtu rany. Nie rozsuwaj mnie. Trzeba mi zapiąć
błyskawiczny zamek, znaleźć uszko między udami
i wzdłuż kręgosłupa przeciągnąć je w górę, aż do karku,
gdzie mi najbardziej zimno. Nie otwieraj. Zasuń
czarną folię, w której leży ogolona na głowie, skaleczona
najbardziej intymnie lub zabita kamieniami dziewczyna,
nie chcę wiedzieć, kim byłam. Nie rozpinaj. Mnie trzeba
zaszyć, wiotką nicią w ustach, strużką ze skroni, albo żyłką
o mdłym zapachu nylonu, której ścieg rozpuszcza się
w ciepły szron, jak zagrany na skrzypcach. Nie zdejmuj,
ubierz mnie w sukienkę: w moją przetartą skórę, zbielałą
na kostkach, tam gdzie przez płótno prześwituje fosfor.

GŁÓD

Wiersz karmi wierszem. Niebo karmi niebem.
Ciepło w kieszeniach ciepłem karmi dłonie.
Głód się rozgląda. Ale za czym? Nie wiem.

Śmiech karmi śmiechem, a gniew karmi gniewem,
dom tuli w nocy, kiedy karmi domem,
nim rano niebo znów nakarmi niebem.

to take us anywhere. Footprints of birds,
both tracksides full of half-erased verses.
Kohelet? Exodus? All in Hebrew.

Translated by Elżbieta Wójcik-Leese

THE DRESS

Do not undo me. You need to dress me in skin: in the linen
dress taken from the washing line most probably too soon,
because the wet cloth reads my body, as if a bandage learnt
the shape of a wound. Do not unzip me. You need
to do the zip up, locate the ring-pull between my thighs
and slide it along my spine upwards, towards the neck,
where I feel the cold most. Do not open. I need to be
sewn up, with a pliant thread in the mouth, a trickle
down the temple, an insipid nylon cord whose seam melts
to warm frost, as if played on the violin. Don't take it off,
dress me in my dress: in my worn-out skin, whitened
on the bones, where phosphorus shows through the cloth.

Translated by Elżbieta Wójcik-Leese

HUNGER

The poem feeds me with the poem. Sky with sky.
The warmth in the pockets feeds its warmth to my hands.
Hunger looks round. What for? I cannot specify.

Laughter feeds me with laughter; with anger, anger tries;
home cuddles me at night, when it feeds me with home,
before morning comes and again feeds me the sky.

Język językiem karmi, gdy jak knebel
tkwi w ustach, albo zjada je jak płomień,
kiedy głód mówi. Lecz do kogo? Nie wiem.

Chłód karmi chłodem, a brzeg Wisły brzegiem,
tytoń w bibułce znów karmi tytoniem,
wrony nad lasem niebo karmi niebem.

Bach karmi Bachem, a Webernem Webern,
szron cicho skrzypi, kiedy karmi szronem.
Głód nasłuchuje. Ale czego? Nie wiem.

Gdy leżysz obok i patrzę na ciebie,
i mam najlepsze miejsce w iluzjonie,
głód wyczekuje. Ale na co? Nie wiem.
Wiersz głodzi wierszem. Niebo głodzi niebem.

The tongue always feeds me with the tongue, when a sly
gag sticks in my mouth, or devours it like flame,
when hunger speaks. To whom? I cannot specify.

Cold feeds me cold, the Vistula its riverside,
the rolled tobacco again with tobacco smoke,
the sky above the forest feeds crows with the sky.

Bach feeds me Bach, Webern as usual applies
Webern, frost crunches softly, when it feeds me frost.
Hunger listens. To what? I cannot specify.

When I look at you lying here, I can't deny
I have the best seat in this illusion show,
but hunger waits. What for? I cannot specify.
The poem starves me with the poem. Sky with sky.

Translated by Elżbieta Wójcik-Leese

AGNIESZKA KUCIAK

AGNIESZKA KUCIAK, born in 1970, is a writer and translator of Italian literature. Her published collections of poetry are: *Retardacja* (Retardation, 2001), hailed by the critics as the best debut of the 1990s, and *Dalekie kraje. Antologia poetów nieistniejących* (Distant Countries – An Anthology of Non-Existent Poets, 2005), about how young people in Poland feel disoriented. She has also published a set of original fantasy stories called *Animula Blandula* (2007), a children's book called *Przygody Kota Murmurando* (The Adventures of Murmurando the Cat, 2006) and some highly acclaimed translations, including Dante's *Divine Comedy* (2002-2004) and Petrarch's *Sonnets* (2002).

She won the Feniks Award for her translation of Dante's *Inferno* and *Purgatorio*, the Publishers' Association Award for *Retardacja* and the Polish President's Prize for her book *Dante Romantyków* (The Romantics' Dante). She is now working on an anthology of Italian love sonnets to be called *Dawne płomienie* (Old Flames).

She is employed at the Adam Mickiewicz University in Poznań.

METRUM

Czasem to jest jak powrót. Już przed progiem
psy ogonami rozgarniają lata
nieobecności. Można znów pogłaskać
ich kudły, stary stół, pryszczatość drogiej
ściany z podziałka – mapy dat i imion,
z którą mierzyło się w dzieciństwie, pragnąc
wciąż wyżej wrastać w nią wraz z każdą linią.
Tak jak się mierzy z metrum: stając wobec
muru papieru, dat i imion, wiary
w ścianę, do której zawsze można podbiec
z gorzkiego deszczu znów pod rynnę rymu.
A czasem jest jak los, co lubi zamknąć
zamiar cezurą lub przerzucić w inny
wiersz, gdzie już nie ma domu i rodziny.

    pazdziernik, 1996

MIĘSO

Pójdźcie te słowa, z moich ust wyplute
Jak ogryzione kości, na pokutę.

Pójdźcie posłusznie tam, gdzie przychodzimy
Po swój kilogram wołowiny, winy.

Gdzie długorzęsy rzeźnik rąbie mięso.
Robi to dobrze. Uśmiecha się miękko,

Choć topór grzęźnie, chociaż chrzęszczą chrząstki,
Zaciskające się piątkowe piąstki.

Leżą tam nerki, mózgi, krew i kości.
Leżą wątroby, i nie wątpliwości.

I gospodynie stoją zasromane
Jakby to one były rozbierane.

METRE

At times, it's like returning home: already
on the threshold, dogs shake off whole years
of absence, and again you scratch their ears,
and at the matted table, quite unsteady,
you'll touch the dimpled wall – its penciled lore,
its map of names and dates – where years ago,
you strained so tall to reach each line, to grow.
So, too, with metre, when you pause before
a wall of paper filled with dates and names,
believing in the wall, to which you'll run
from freedom's frying pan and into rhyme's
fire. But at times, like fate, it seeks to pen
intention with caesura, or run on to some other
line, one devoid of home or dogs or mothers.

October, 1996

Translated by Karen Kovacik

MEAT

Come, words, spit from our lips
A penance like bones gnawed to bits.

Dutifully come, and we'll do the same
To pick up some guilt and a kilo of ham

Where a long-lashed butcher hacks at the meat
Just like a pro, and smiling so sweet,

Though the knife gets stuck and the gristle grinds.
His fists on Fridays clench overtime.

Kidneys, bones, blood, and brains,
Liver completes the *mise en scène.*

The housewives stand around, red-faced,
As if they were the ones undressed.

Jest taka cisza i taki oniryzm,
Jakby nam ważył serca bóg Ozyrys.

Jakby mordować ofiarnego kozła.
Jak gdyby syna do psychiatry posłać.

Jak gdyby leżeć w intymności takiej
Jak dwa kawałki mięsa pod tasakiem.

   grudzień, 1996

WRONIECKA

Lekcja pływania: „Trzymaj się powierzchni".
Od chropawego chloru wargi spierzchły.

Dłoniom łagodnie stawia opór woda,
Ciało w niej brodzi jak w żydowskich brodach.

Ale łagodny, płynny ruch upartych
Ramion rozcina jej pożółkłe karty,

Jakby chciał wiedzieć: „Mamo, co się mieni
Na dnie tej wody jak ławica cieni?"

„Przez taką wodę mogą śnić się zmarli.
A woda woła żeby ich nakarmić.

To tylko cienie, które wzięły prysznic
Pod ścianą płaczu. Gdy je płacz oczyścił,

Przyszły do domu. Mają zwyczaj na noc
Brać kąpiel, tę w obozie obiecaną."

„Lecz płyń spokojnie, echo w tej świątyni
Nie cichnie, ale nikogo nie wini.

A silence falls, as if Osiris placed
Our bloody hearts on his oneiric scales.

As if we slew a sacrificial lamb
Or to the shrink we sent our son.

So we lie entwined, all in a fever,
Like two chunks of meat beneath a cleaver.

　　December, 1996

Translated by Ewa Chruściel, Craig Greenman
& Karen Kovacik

WRONIECKA

In swimming class, he hears: "Don't go too deep."
His lips feel withered from the strong chlorine.

Against his palms the water pushes back;
it tugs at his body like a Hasid's cloak.

With tranquil, fluid strokes, his shoulders slice
through its yellowed pages, as if he'd like

to ask: "Mother, why does that school
of shadows glisten at the bottom of the pool?"

"In dreams and in this pool, sometimes the dead
arise, and the water calls for them to be fed.

They're ghosts, who showered once beneath a wall
of tears, and when cleansed, they stole

back home. At night, they take the baths
that they were promised in the camp.

So, son, swim quietly. Their echoes still resound
here in this shrine, and they blame no one.

Pływanie składa i otwiera dłonie
Jak psalm błagalny, czysto i pokornie.

Mierzy oddechem jak wersetem świętą
Przestrzeń (jarmułki dachu jej nie zdjęto)"

   grudzień, 1996

POKÓJ

Był dom pewien. Były ściany i zasłony.
I był pokój, lecz od środka zakluczony.

Była noc. I był ojciec. Była córka.
Jak w płonących grobach w swych leżeli łóżkach.

On pijany, unurzany i pierdzący.
Ona czysta, woniejąca i niechcący.

On wciąż gadał, wołał na nią, rwał powłoki.
Ona cicha udawała sen głęboki.

„Niech przeklęta bedzie – wołał – moja córka".
Lecz słyszała tylko to, że cisza ciurka.

„Zobacz, córko, wreszcie ciemność w twoim oku.
Wszędzie będziesz z sobą niosła już ten pokój.

„Coś do życia twego będzie się dobijać
jak dotknięty do żywego ojciec pijak.

„Lecz nie wejdzie, choć pukając zedrze dłonie,
bo twe życie jest od środka zakluczone.

Swimming, we fling our arms apart then press palms
together meekly like when we pray the psalms

and measure with each breath like scripture verse
this sacred space (the roof's yarmulke in place)."

December, 1996

Translated by Karen Kovacik

During the Second World War, in the city of Poznań, the German army converted the
synagogue on Wroniecka Street into a swimming hall for soldiers. It remains the city
pool to this day, and generations of children have learned to swim there.

A ROOM

There was a house. With walls and blinds.
There was a room locked tight from the inside.

It was night. A father. A daughter. In that room
they lay in their beds as in blazing tombs.

He: farting, crapping, swilling.
She: pure, fragrant, unwilling.

He blathered, called her name, tore at his sheet.
She, quiet, pretended to be asleep.

"Damn you, daughter," he cackled.
She only heard the silence trickle.

"Finally, daughter, your eyes have darkened.
Forever to you this place will hearken.

"Something will be pounding at your life
Like a raving father, drunk with grief.

"But he won't get in, though his fists pound half the night
Because your life is locked from the inside tight.

„Zobacz, córko" – całą noc bezsenną wołał.
Lecz widziała tylko gesty mrok dokoła.

Ale co to? Patrzy, patrzy i nie wierzy:
to ktoś trzeci jeszcze tutaj z nimi leży!

Leży z nimi, umęczony niesłychanie,
zstępujący przez otchłanie, przez otchłanie.

Leży z nimi pod całunem, poraniony,
chociaż pokój jest od środka zakluczony.

28 grudnia, 1999

* * *

Do każdej rzeczy długo puka deszcz
i pyta: „Jesteś?". A ja mówię; „Nie,
wcale mnie nie ma". Deszcz jest mistrzem zen.
Może wylanym z nieba za klaskanie
zbyt przezroczystą jedną dłonią?

                                   Siądź,
(Bo kto ogrodu swego nie uprawia,
tego zarasta dziki, dziki bóg)
darmowej lekcji słuchaj, nadaremnie
powtarzaj za nim małe, ciche „tak",
które cię zniszczy.

(Kropla po kropli, jak w ten wielki wieczór,
kiedy przekupień chciał nam sprzedać róże,
lecz nie chcieliśmy żadnych róż,
chcieliśmy całego życia).

Nikt

"Look, daughter," he howled through the dark
though she saw only shades of black.

But what's that? She can't believe it, just stares and stares:
A third person's lying with them there!

He is lying there, incredibly drained,
descending through the pain, through the pain.

Is lying wounded, with them, beneath the shroud,
though the room had been locked from the inside.

28 December, 1999

Translated by Ewa Chruściel

* * *

The rain knocks long on everything,
asking, "You there?" and I say, "No,
not at all." The rain is a master of Zen.
Maybe let loose from the heavens
like one sheer hand clapping?

Have a seat and listen
to this lesson on the house.
(Because whoever doesn't tend his garden
will be overrun by a wild, wild god.) In vain,
repeat after him the tiny, quiet "yes"
that will destroy you.

(Drop by drop, like on that big night,
when the street vendor tried to sell us roses
but we didn't want any roses,
we wanted life itself.)

Nobody

Translated by Karen Kovacik & Ewa Chruściel

* * *

Ta, która szyć nie chciała sukni ślubnej
ze spadochronu, może kiedyś ładnie
to w niej po drugiej stronie nieba spadnie.

    A kto przy sobie nosi klucz od windy
    z domu, którego nie ma już, nią wjedzie
    pewnego dnia na piętro ostateczne.

    Która umiała obłaskawić obłok
    znad kipiącego garnka z ziemniakami,
    jakby siedziała dziś tu między nami.

   Pani Krystyna

* * *

Przez roztargnienie rzucić pomarańcze
do tego grobu – jakież to „*fałks pałks*"!
Przez małą chwilę w duszy poznanianki
toczy się walka: czy dla siatki słońc
(tym droższych sercu, że kupionych tanio,
tym słodszych jeszcze, że być miały z pieprzem)
zejść jak Orfeusz, jak Eneasz, Dante
między pomarłych? I z pomarańczami,
nie z nim, powrócić do zgorszonych lekko
tym żałobników?
           I decyzja: zostać
i do wielkiego dodać mały żal.

   Nikt

* * *

She who didn't want to sew her wedding gown
from a parachute will maybe someday drop down
on the far side of heaven in its pretty folds.

    And she who kept a key to the elevator door
    for a building that no longer exists,
    will one day ascend to the terminal floor.

    She who could tame at will
    the cloud over this seething pot of potatoes –
    it's as if she sat here with us still.

    Mrs. K

                Translated by Karen Kovacik

* * *

And to drop absent-minded oranges
into that grave – what a *"four par"*!
For a short while this Poznań woman
is where battle rages: for a bagful of suns
(dearer for being bought cheap,
all the sweeter being with pepper) should she
descend like Orpheus, Aeneas or Dante
among the now dead? And with the oranges,
not him, return to those appalled a little
in mourning?
         Decision: to stay
and to one great regret add a small one.

    Nobody

                Translated by Ryszard Reisner

DEPRESJA

Jest wielu umarłych dla świata w zakonie świętej Depresji.
Jego regułą bezsenność i pełne umartwień milczenie,
nieustające niestety i czarne stygmaty żylety,
post całkowity od hormonu szczęścia,
żeby do nieba wzlecieć – nie od razu –
na pustym obłoku gazu.

Być takim nudnym, cierpieć bez Cierpienia.
Nie mieć przy zupie nic do powiedzenia,
tytko na trzecie – w gabinecie:

„Gdy nocą nie mogę zasnąć, odmawiam różaniec gorzknienia.
I czuję, że leży ktoś przy mnie i coraz bardziej go nie ma.
W prześcieradlanej przepaści. Pokażę go waści niebawem.
Wiem, że to Anioł.
                    Anioł jest objawem."

Sylwia

CZEKAJĄC NA BLONDYNKI

Po co te hyże hondy, zapach zasad,
hodowla mięśni, opalanie serc?
Po co aż w mózgu męskim brylantyna,
na oczach czarnych czarne okulary,
jakby przyjść przez nie prędzej miała noc?

Co robią Włosi, kiedy idzie lato?
Włosi czekają na blondynki.

Już płaczą przez nie wszystkie inne, godne
jak sen legalny. Płaczą małe, czarne
jak podejrzenie. Piękne jak ich gniew.

DEPRESSION

Many are dead to the world in the holy convent of Depression.
Insomnia is its rule, as is the silence of mortification,
relentless as the razorblade's black stigmata
or total abstinence from the hormone of contentment
in order to ascend to heaven on an empty cloud of gas
though not too fast.

To be so dull, to suffer without Suffering.
To not have much to talk about over soup,
and only over dessert, to say on the therapy couch:

"At night when I can't sleep, I pray my rosary of sorrows.
And sense that someone's lying next to me
but there's less and less of him
in the bottomless pit of bedclothes.
I'll show him to Your Grace soon.
I know it's an angel.
                The angel's the proof."

   Sylvia

               Translated by Karen Kovacik and Ewa Chruściel

WAITING FOR THE BLONDES

Why these speedy scooters, this whiff of principles?
Why those hothouse muscles, those sunburned hearts?
Why do men's brains fill up with brilliantine
and dark glasses mask their dark eyes
as if to rush the onset of some tiny night?

What do Italian men do, as summer draws near?
Italian men wait for the blondes to appear.

Watch the blondes wring tears from the others,
all deserving as a legal dream –
the ones petite as demitasses, dark
as suspicion, lovely as their own rage.

Co robią Włosi, kiedy idzie lato?
Włosi czekają na blondynki.

Te, które mają słodycz słowian, wdzięk
gramatycznego błędu, jasność dnia
i niebo pod kolor łez.

Co robią Włosi, kiedy idzie lato?
Włosi czekają na blondynki.

Niech i blondynkom świeci słońce blond.
I da im pragnąć cudzych pragnień, da
przydech etruski w słowie „dom".

Co robią Włosi, kiedy idzie lato?
Włosi czekają na blondynki.

Ale blondynki są jak morski wiatr.
Blondynki nie są żadnym rozwiązaniem.
Wszystkie blondynki są zamknięte na
trzy pocałunki.

    Słoneczny

ROMANS

Błąd popełniła. Chciała być kochana
w zapachu duszy, nie Ives Sant Laurent.

Bo zapach duszy w książkach trzymać trzeba,
trumnach z papieru. Nazbyt w nim cierpienia,
ażeby uwieść umiał poza śmierć.

Błąd popełniła. Chciała być kochana
w dekoltach słowa i nie miała ich.

What do Italian men do, as summer draws near?
Italian men wait for the blondes to appear.

They want the ones with Slavic sweetness,
full of charming grammatical errors,
the ones pale as daylight or the sky
when it's the colour of tears.

What do Italian men do, as summer draws near?
Italian men wait for the blondes to appear.

Let the sun shine blond even on blondes.
And let them desire these foreign desires.
Let them aspirate the word "casa"
in the best Etruscan manner.

What do Italian men do, as summer draws near?
Italian men wait for the blondes to appear.

But blondes are like the sea breeze.
Blondes are hardly the solution!
After three kisses, all the blondes
lock down tight.

 Sunny

ROMANCE

She made a mistake. She wanted to be loved
for her soul's exquisite fragrance, and not Yves Saint Laurent.

The soul's fragrance was best stored in books,
in crypts of paper. But there was too much suffering in the soul
to push them past death's breathless limits.

She made a mistake. She wanted to be loved
for her words' décolletage, but she didn't have any.

Jak mieli spotkać się między słowami,
które z pism wszystkich są lub z pisuaru,
na korytarzu jarzeniowych lamp?

Byle cytata piękność bibliografii
piękność tę zaćmi, która nie ma słów.

Błąd popełniła. Nie był zakochany.
Był zaczytany, lecz nie w niej.

   Studentka

  * * *

Naga, otwarła mi sekretną furtkę.
Przeszedłem przez nią
do innego świata.

Świecił tam księżyc i leżała ona.
Jak srebrna łyżka do księżyca.

Naga, otwarła mi sekretną furtkę.
Przeszedłem przez nią
do innego świata.

Świecił tam księżyc i leżała ona.
Srebrny widelczyk do jedzenia gwiazd.

Naga, otwarła mi sekretną furtkę.
Chciałem przejść przez nią,
żeby wrócić.

Ale i tam był świat, i księżyc był i ona.
Jak do księżyca srebrny nóż.

So how was she supposed to meet him between the lines
that leaked from every text and every toilet
on a corridor lit by gas lamps?

If only she were well-endowed with bibliographic beauty,
which would eclipse that beauty "beyond words."

She made a mistake. He didn't fall in love.
He got lost in his reading, but not in her.

   Student

                                    Translated by Karen Kovacik

* * *

Naked, she let me in a secret gate.
Through it I crossed
to another world.

The moon gleamed, and there she lay
like a silver spoon for sipping the moon.

Naked, she let me in a secret gate.
Through it I crossed
to another world.

The moon gleamed, and there she lay,
a dainty silver fork for eating the stars.

Naked, she let me in a secret gate.
I wanted to slip through it
to return home.

But there I saw the world, the moon, and her.
Like a silver knife for carving the moon.

Wstała, zakryła przejście jasną suknią,
i zostawiła mnie na zawsze, nie wiem,
na jakim świecie.

   Eros XL

W RZYMIE

Ze wszystkich źródeł tu pragnienie piją
od oglądania piękna oczy piękne.
A w mieście świętym wszystko święte jest.

Święte campari, święty ogon koński
na Kapitolu, święta stopa Piotra,
którą Pan umył a wytarły wieki,
święty śpiew Callas w kościele konania
– byłym burdelu, święte obcowania
duchów w południe, a w ciemnościach ciał.

Lecz gdzie te duchy? – pytasz. W słońcu chyba.
Demon acedii jeden, o godzinie
z kociej źrenicy, gdy świat cień powściąga
jak mnich namiętność.

Gdzie się wybiera ze swej anegdoty
wiecznie Duch święty i odmienia plan.

   Bionda

PRZYJAZD DO BIZANCJUM 1987

To nie jest kraj dla dziewic, płynie między
kramy przekupniów fala pożądania
chcących z hurysą noc, nie wieczność spędzić.

She stood, covered the opening with her light dress,
and left me forever
I don't know in what world.

    Eros XL

Translated by Karen Kovacik

IN ROME

Here, they drink in desire from every source.
Beautiful eyes take in beauty with each glance,
and in the holy city everything is holy.

Holy the Campari, holy the horses' marble tails
at the Capitol, holy the foot of Saint Peter,
which Christ once washed and centuries have blurred,
holy the voice of Callas in a church gasping its last –
formerly a bordello. Holy, too, the union
of spirits at noon and of bodies when darkness falls.

But where are those spirits? you ask. In the sun perhaps.
The demon of acedia appears only at the hour
when the cat's eye shrinks, when the world reins in shadow
like a monk his lust.

Where the Holy Spirit perpetually breaks off
his anecdote and changes the plan.

    Bionda

Translated by Karen Kovacik

ARRIVAL AT BYZANTIUM 1987

This is no country for virgins. Market tents
adrift in desire, the vendors dreaming not
of eternity, but a night in the houris' den.

Ikona z mięsa, co do złego skłania
ikonoklastów, jest tu dla pieniędzy.
Lat ile wieków ma to miasto, tania,
chętnie przyjmuje hołdy i w krysztale,
który przemyca, widzi dziwne dale.

Język, co wsunął się w różowe ucho,
to język ognia palącego dłonie
pisarzy ikon. W sercu po nim głucho
będzie jak było tutaj po Platonie,
gdy go wyświecił z państwa cesarz (duchom
nakazał święty posłuch, nie ironię).
Ziemia jest szafką, gdzie Bóg hostie chowa.
Wybucha schizma od jednego słowa.

Wszystko w krysztale, widzi w nim i siebie,
starszą o wieczność. Grzeszna i szczęśliwa,
„o swetr nad ziemią" w biodrach się kolebie,
a Miłosierdzie ponad czas podrywa
swój rydwan z ognia. Tam na złotym niebie,
wraz z Nike w nimbie, nigdy nie przegrywa
wojny o dogmat z armią arabeski.
A przy niej anioł jest, eunuch niebieski.

Doctus

NINIWA

*Umierająca lwica, plaskorzeźba z pałacu Assurbanipala w Niniwie, 668-630
p.n.e., Londyn, British Museum*

Lubi polować Assurbanipal.
Ryk rannej lwicy wiatr zanosi w dal,

w mrok reliefowy. Jest w nim ból i gniew,
i jest majestat. Niesie wiatr to „nie"

lwicy, co krwawi – ryk i skarga wierna –
ponad millennia śmierci, nad imperia.

The icon made of flesh trades now for banknotes,
she who inclined iconoclasts to sin.
Now cheap, despite the city's epic roots,
she gladly accepts tribute, and in her crystal vases,
smuggled from afar, beholds strange, distant places.

The tongue that slipped into a rosy ear
is the tongue of flame igniting the hands
of the icons' makers. In their hearts, after the fire,
a deafness will take hold like after Plato, when
he was cast out (the emperor required
vows of obedience, not irony, from all minds).
The earth's a cupboard where God stores his hosts.
From a single word, a schism will explode.

In her vases, the icon sees everything
and herself, older than time. Wanton and content,
"a sheet over the earth," she swings
her hips, and an eternal mercy suspends
her chariot of fire. Against the sky's gold rings,
haloed Nike at her side, she'll never relent
in dogma wars with armies of arabesques.
Beside her an angel, a blue eunuch, basks.

    Doctus

                                 Translated by Karen Kovacik

NINEVEH

    Dying Lioness, bas-relief from Assurbanipal's palace in Nineveh, 668-630
    BC, London, British Museum

Hunting is what Assurbanipal likes.
The wind transmits the wounded lion's cry

through time, in depths of bas-relief. One notes
pain in it, rage, and majesty. The wind carries the "no"

of the bleeding lioness – its steadfast rebuking roar
across millennia of death, beyond empires.

„I lwy Niniwy i królestwa miną
a ból trwał będzie" – woła nad pustynią.

„Królów Asyrii brody fryzowane
rozplecie rozpacz i potarga lament."

„Klinowym pismem klęski zapisany
los nas śmiertelnych, mury i rydwany."

– woła wiatr wielki, niczym obłokowy
oddech, rzeźbiący lwów i królów głowy,

lecz nie odmienia Assurbanipala,
co polowania lubi i pochwala.

"The lions of Nineveh and whole kingdoms will pass
away, but the pain will persist," it calls through the wilderness.

"The Assyrian kings' beards, carefully coiffed,
unfurl laments and unravel grief."

"Cuneiform script records our mortal fates,
the collapse of our walls and chariots,"

calls the wind like a cloud breathing,
sculpting lions and the heads of kings,

but that doesn't change Assurbanipal,
who lives for hunting and approval.

Translated by Karen Kovacik

JACEK DEHNEL

PHOTO: EMILIAN SNARSKI

JACEK DEHNEL was born in Gdańsk in 1980. He gradu-
ated in Polish studies at Warsaw University and lives in
Warsaw's Powiśle district. He has published four vol-
umes of poetry: *Żywoty równoległe* (Parallel Lives,
2004); *Wyprawa na południe* (Journey South, 2005);
Wiersze (Poems), a collection including the two earlier
volumes and the previously unpublished *Pochwała
przemijania*, (In Praise of Passing, 2006); and *Brzytwa
okamgnienia* (A Razor-sharp Glance, 2007). He has
also published two books of short stories, *Kolekcja* (The
Collection, 1999) and *Rynek w Smyrnie* (The Market-
place at Smyrna, 2007), a novel, *Lala* (2006) and a col-
lection of four short novels *Balzakiana* (2008). His work
has appeared in many literary periodicals and he writes
a review column for the Wirtualna Polska (Virtual Po-
land) website.

He has translated verse by poets including Philip
Larkin, W. H. Auden, Osip Mandelstam, George Szirtes
and Karlis Verdins, as well as song lyrics.

He has won many major literary prizes in Poland,
including the Kościelski Foundation Prize (2005) and the
Paszport Polityki (2006, for *Lala*). His poetry has been
translated into English, Basque, French, Gaelic, Lithua-
nian, Slovak and Slovene. *Lala* has been published in
German translation and is due to appear in Israeli,
Croatian, Italian, Slovak and Hungarian editions.

He is also a painter and draughtsman.

SZCZĘŚCIE

dla P. T.

W przyszłym tygodniu masz urodziny
za rok pewnie
już cię nie będzie
                    Michèle Roberts, "Lacrymae rerum"

Być tą brzydką Angielką – chudą podstarzałą,
niezbyt dobrą poetką: mieszkać w letnim domu
ze stygnącym mężczyzną (serce czy rak nerek –
przyczyny nieistotne). Wnosić mu po schodach
(wąskich, zawiłgłych schodach) tacę ze śniadaniem
i siebie. Pisać: *W przyszłym*
                    tygodniu – bzyk muchy –
– *masz urodziny* – znowu – *za rok pewnie* – krzyczy
z bólu – *już cię nie będzie.* Iść do niego. Głaskać.
Leżeć z nim w wannie, płacząc. Patrzeć, teatralnie
ale przecież prawdziwie, przez okno na drzewa.
Mieć za sobą te lata, te listy, te flamy,
znać numer kołnierzyka, buta, obwód głowy.
Nie umieć się obejrzeć za innym mężczyzną.
Używać tamtych zwrotów, pieszczotliwych imion.
I udawać, że wcale nie jest gorszy w łóżku,
mając w pamięci tyle miejsc, razów, sposobów:
w hamaku, w soku z jagód, w pociągu pędzącym
z Wenecji do Nicei, na biurku wydawcy,
w bocznej salce muzeum. Przyjmować wizyty
przyjaciół i lekarzy. Kręcić kogel-mogel.
Nie móc udawać dalej i dalej udawać.

Lecz nade wszystko wiedzieć, że wszystko, co było
nie mogło, nie powinno być inaczej, z innym,
gdzie indziej, kiedy indziej – to właśnie jest szczęście.

Widziałeś całość. Teraz odchodzisz, powoli
skubiąc liście z gałęzi. Ktoś zasłania lustro,
ktoś dzwoni, ktoś rozmawia. Taca. Wanna. Łóżko.

Warszawa, 7.III.2004

HAPPINESS

for P. T.

> It's your birthday next week
> This time next year
> I think you'll be gone
>> Michèle Roberts, "Lacrimae rerum"

To be a plain English woman – over the hill, scrawny,
not a very good poet; to live in the countryside
with a man who is cooling (weak heart, renal cancer –
the reasons do not matter). To carry up the staircase
(the musty, narrow staircase) a tray with his breakfast,
and yourself. Write: *It's your birthday*
                              next week – a fly buzzes –
this time next year – it buzzes – *I think* – now he's screaming
in agony – *you'll be gone*. Go to him and stroke him.
Lie in the bath with him, weeping. To gaze in dramatic
although genuine fashion at trees through the window.
To have those years behind you, those letters, those lovers,
to know his collar size, shoe size, and the hat in inches.
To be unable to look at any other fellow.
To use those special phrases, all those tender pet names.
And to pretend he's just as good in bed as ever,
remembering the many times and ways and places:
in crushed berries, in a hammock, on the express speeding
to Monaco from Venice, on the agent's desktop,
in the museum side room. To receive the visits
of dear old friends and doctors. Whisk egg yolks and sugar.
Be unable to keep pretending, and go on pretending.

But chiefly to be certain that every past moment
could not, should not have happened differently, with another,
somewhere else or sometime else – this is happiness.

You have seen the whole thing through. Now you're leaving, slowly
plucking leaves from the branches. Someone veils the mirror,
someone calls, someone's talking. The tray. The bath. The bed.

Warsaw, 7.III.2004

Translated by Antonia Lloyd-Jones

SYMETRIA

dla P. T.

Leżymy coraz dalej od siebie. To samo
łóżko, ta sama pościel, ale coraz dalej.
Jak kwiat przez nietoperze zapylany, łóżko
rozchyla się co wieczór – my na przeciwległych
płatkach. Wciąż coraz dalej. Leżymy od siebie.
Nie da się sięgnąć ręką dotknąć stopą stopy –
– z twojego brzegu słychać wilgi i mruczenie
żbików, na moim widać perkozy i, z rzadka,
gronostaja, co czmychnął w zarośla pościeli.
Coraz szerzej. Kasztele i śluzy kamienne,
pełne porty, ogrody, bezkresne pustynie.

Każdy po swojej stronie nocy. Równolegli
w samotności i ciszy. Nie da się przywołać,
nie da się nad przepaścią stanąć i usłyszeć.
Rozwiązane więzadła, rozluźnione rymy.
Bliżej do drzwi i okien niż do siebie. Śpimy.

Łódź – Warszawa, 8.XII.2003

ŚMIERĆ WILDE'A

Niekiedy gryzł dłoń, by nie krzyczeć głośno z bólu, a raz wyjął ją z ust, by
poskarżyć się na brzydką tapetę: Ona mnie zabija – po czym dodał z
rezygnacją – jedno z nas musiało odejść.

Hesketh Pearson, Oskar Wilde

Jej wzór był obojętny, Oskarze, nie tylko
właścicielowi, gościom, Robbiemu i księdzu,
ale i tobie. Wybacz. Bo znienawidziłeś
nie te pstrokate róże czy brunatne liście,
lecz to, co poza nimi – ścianę i korytarz,
dziedziniec, niebo w górze, szerokie bulwary,
wielką fabrykę tapet, rzesze tapeciarzy,
ich żony, ich rodziny, ich dzieci, ich garnki,
dalekie miasta, morze, szafirową kulę,
pełną skaz – wysp i lądów. I z powrotem: chmury,

SYMMETRY

for P. T.

We lie further and further apart. It's the same old
bed, the same old sheets, but we're apart, further and further.
Like a bat-pollinated flower, the bed opens,
spreading wide each evening – with us on opposing
petals. Further and further away. We lie parted.
We cannot reach out a hand, never make foot contact –
from your shore come the sound of orioles and the growling
of wildcats, on mine grebes are seen and, very rarely,
an ermine that has darted into the dense bedding.
Wider and wider. Castles of stone and sluices,
full harbours, gardens, boundless wilderness and deserts.

Each on his own still side of the night. Parallel in
our solitude and silence. There's no way to summon,
there's no way to stand over the abyss and listen.
Untied, unknotted bindings, rhymes loose, unencumbered.
Nearer the door and windows than each other. We slumber.

Łódź – Warsaw, 8.XII.2003

Translated by Antonia Lloyd-Jones

THE DEATH OF OSCAR WILDE

> Sometimes he thrust his hand into his mouth to prevent himself from crying
> aloud with pain, and once he took it out to speak bitterly of the wall-paper,
> 'It is killing me,' he complained, adding resignedly, as if the worst was over,
> 'One of us had to go'.
>
> Hesketh Pearson, *The Life of Oscar Wilde*

Its pattern wasn't an issue, Oscar, and not only
to the owner and clients, to the priest and Robbie,
but to you too. Forgive it. Because it was not the
motley roses or brownish leaves that you so hated,
but what was there behind them – the wall and the passage,
the courtyard, the sky above you, boulevards and gardens,
the great wallpaper factory, the massed factory workers,
all their wives and their children, their families, their chattels,
distant cities, the ocean, the whole sapphire planet
full of flaws – lands and islands. And back again: rain clouds,

Londyn, Paryż i Stany, jedwab i aksamit,
wszystko, co pozostaje – i za cienką ścianą
dwie pary nóg kochanków, wstrząsane dreszczami
jak stopy nad   dziwnego szafotu.

        zapadnią

    Warszawa.13.VII.2003

SAINT-MALO
LES REMPARTS, PARTIE OCCIDENTALE, XIIIE SIECLE

Kim byłaś, co jadałaś, z kim o trzeciej w nocy
kłóciłaś się, że wrócił od Violetty, z jakiej
części Francji czy świata przybyłaś na plażę
w Saint-Malo – tego nie wiem. Nie wiem, kto ci uszył
suknię z wielką tiurniurą kto do chrztu cię trzymał
i przed iloma laty, czy zwiedziłaś zamek,
czy zbierałaś kamyki, muszle czy amantów,
jak często się modliłaś i w jakich kościołach?

Stoisz na skraju zdjęcia; za plecami mury
i kamienne bastiony, przed oczami – morze,
którego nie zobaczę. Mam cię pośród innych
plam sepii na papierze, ale morza – nie mam,
ani tego, co szumi za plecami kliszy,
ani tego, co w tobie – morza słów i rzeczy.

    Warszawa, 26.V.2003

London, Paris, America, silk, satin and velvet,
everything left behind you – and in the next bedroom
two pairs of lovers' legs shaking as tremors ran through them,
like feet over the   of a strange scaffold.

        trapdoor

    Warsaw, 13.VII.2003

Translated by Antonia Lloyd-Jones

SAINT-MALO
LES REMPARTS, PARTIE OCCIDENTALE, XIIIE SIÈCLE

Who you were, what you dined on, with whom you quarrelled
at three when he returned from Violette, what part of
France or the greater world you came from to the seaside
at Saint-Malo – I'm clueless. I don't know who made your
dress with the great big bustle, who offered you for baptism
and how many years have followed, if you toured the castle,
if you collected pebbles, seashells or admirers,
how often you said prayers and in which of the churches?

You stand at edge of photo; behind you are ramparts
of stone and solid bastions, in your view a seascape
that I will never look at. I've got you, among other
spots of sepia on the paper, but I haven't got the ocean,
or whatever is murmuring just behind the picture
or whatever is inside you – a sea of words and objects.

    Warsaw, 26.V.2003

Translated by Antonia Lloyd-Jones

**BIEDNY CHRZEŚCIJANIN
PATRZY NA GABINET PEGGY SAGE**

Z drugiej strony ulicy widać tylko kolor:
gęste, pomarańczowo-koralowe światło
w witrynach sięgających granitowych arkad
z zupełnie innych czasów. Druga. Świętokrzyska:

pusta, matowa rzeka skrzepłego bazaltu.

Z dwóch kroków czarny napis robi się liliowy:
MANICURE FRYZJER TAROT Zza liter w cielistej
poświacie małych lampek jarzy się bezwstydnie
wnętrze w nocnym porządku: suszarki w kaburach,
tuby, spraye, lakiery, w których lśnią ekstrakty
z alg, jojoby, wanilii, zielonej herbaty,
soli, glinki i błota w przejrzystych strukturach
źródlanej wody – wszystko podwojone w lustrach
bez skazy. Piękni ludzie na pięknych fotosach
(słońce, wiatr i ocean) są tak naturalni,
że prawie ich nie widać.   Bank, kościół i kino
są blisko: naprzeciwko, i dalej, po prawej
i lewej, nieco w głębi. Ale tylko tutaj
ciepłe, różowe światło mówi nam tak czule:
*Przyjdźcie, którzy cierpicie, będzie wam odjęte
zmęczenie, ból, brzydota, samotność i starość.*
A wyżej, w drżącej glorii migających kropek
lśni zagadkowy neon poświęcony jakimś
smukłym, powabnym bóstwom: DAMSKI FRYZJER MĘSKI.

Warszawa, 10-12.I.2005

MIASTA DALEKIE

dla A. hr. J.

Wszystkie dalekie miasta, w którychśmy nie byli:
metra, balkony, słońca, sprzedawcy daktyli
i jakiś dom wysoki z siną kolumnadą,
w której młody porucznik rękawiczkę białą

A POOR CHRISTIAN LOOKS AT THE
PEGGY SAGE SALON

From the opposite pavement all you can see is colour:
an intense splash of orange and coral-pink lighting
in shop-front display windows that date back to granite
arcades from a bygone era. It's two. Świętokrzyska:

an empty, matt-finish river of congealed basalt.

At a distance of two paces the black sign turns lilac:
MANICURE STYLIST TAROT From behind the letters
in the fleshy glow of lamplight the interior boldly
shines in its night-time order: hairdryers in their holsters,
tubes, cans of hairspray and lacquer full of gleaming extracts
of seaweed and jojoba, green tea and vanilla,
salt, healing mud and kaolin in see-through suspensions
of pure mountain spring water – all doubled in flawless
mirrors. The beautiful people in beautiful photos
(amid sunshine, wind and ocean) look so very natural
that you almost fail to see them.
                              Nearby there's a theatre,
a bank and a church over the road, and down further,
on the right and left, slightly set back. But here only
the warm, rose-coloured lamplight speaks to us so fondly:
Enter here, those who suffer, and you'll lose your burden
of feeling weary, lonely, hurt, ugly and senile.
And higher up, in the trembling glory of spots flashing
shines a mysterious neon sign of dedication
to some slim, alluring deities: MEN'S STYLIST FOR LADIES.

  Warsaw, 10-12.I.2005

Translated by Antonia Lloyd-Jones

DISTANT CITIES

  dla A. hr. J.

All those unvisited cities, far off our usual routes:
metros, balconies, suns, stalls selling exotic fruits
and that high house with a garish colonnade where a strapping
young lieutenant draws on his white glove about to ring

zakłada i w dzwon bije, ilekroć ocean
pochłonie jakiś okręt.
                                    I nic się nie zmienia.
Miasta stoją, bez ruchu. Liść z drzewa nie spada,
w tym samym skrzepłym słońcu stoi kolumnada.
Chłopiec prowadzi rower. Pies prowadzi ślepca.
W muzeum Rubens, przed nim przewodnik-pochlebca
ze zmrożoną pochwałą: „Kolor, kunszt…" etcetra.
Niżej sala z gotykiem. Niżej wagon metra
ze staruszką Murzynem i kibicem Lazio
bez końca mknie pomiędzy stacją A a stacją
B.
    Tak trwają zastygłe – nigdy do nich razem
nie pojedziemy. Nigdy przed słynnym ołtarzem,
dworcem ani Vermeerem nie staniemy. Będą
na zawsze potencjalne. Jak świecący węgorz
w głębinach oceanu lub pokój za drzwiami
zamkniętymi, ze stołem, lampą, obrazami
znanymi z opowieści.
                                    Na zawsze te same,
bo na zawsze ukryte, jak w tamten poranek
kiedyśmy planowali mieszkanie w Londynie,
wakacje w Nowym Jorku, apartament w Rzymie
dla mnie, dla ciebie za to wycieczkę do Szwecji
i dla nas obu, kiedyś – wspólny grób w Wenecji.
Wyrośliśmy. Sam siedzę w pustawym wagonie
a tam dłoń trwa, niezmienna, przy uśpionym dzwonie.

    Warszawa, 13.VIII.2003

BRZYTWA OKAMGNIENIA

Spójrz, właśnie tędy przeszła brzytwa okamgnienia –
plamki zakrzepłej sepii świadczą o jej przejściu;
z prawej zalane łąki i dachy obejścia
ponad nadmiarem siwej, nieprzejrzystej wody,
z lewej oni: tobołek, kufajka, patelnia,
warstwy rozwilgłych spódnic i rozmyte brody

the bell as he does each time a ship goes down the maw
of the hungry ocean.
               And nothing changes. The raw
cities motionless, leaves that insist on hanging on
to boughs, the colonnade stock still, glued to the same sun.
A boy strolls home with his bike. A dog leads a blind man.
In the museum the guide before Rubens repeats
the same glib phrases. "Those extraordinary feats
of craft and colour, blah, blah.." The 'gothic' room below,
a metro carriage, an old woman, a Lazio
fan and a black guy, endlessly dashing from point A
to point B.
           It's fixed. It's stuck. We will not pass that way
together. We will never stand before the well-known
altar at point C or before the Vermeer on our own.
They're doomed to mere potential, like the luminous eel
on the seabed or the room behind a locked door; we'll
not be at the table or by the lamp or the pictures
we were once told about. They will remain fixtures,
forever unfulfilled, like the plans we once had
for a London flat, the New York vacations, my pad
in Rome, your trip to Sweden and how we would save
for the day in Venice when we'd share a common grave.
We're adults now. The carriage half empty, I'm sitting
alone. The hand hovers at the bell, never to ring.

    Warsaw, 13.VIII.2003

Translated by George Szirtes

A RAZOR-SHARP GLANCE

See, here is the very place where one razor-sharp glance
sliced off a segment, sepia clots as evidence;
there to the right, farmyard roofs, floodplain, preponderance
of grey murky water, to the left a peasant's fleece,
a bundle of some sort, a frying pan, the damp pleats
of a skirt, bearded fords blurred into incoherence

pod kreskami kaszkietów. Łodzie ratunkowe
dojdą albo nie dojdą z Brześcia lub Kamienia.
Stan wody bez zmian. Zastój. Brzytwa okamgnienia
odcina to, co zbędne: całą resztę świata
za rozlewiskiem, jakieś sztaby kryzysowe
w surdutach, z wąsem, z lśnieniem słuchawek na blatach

szerokich, mahoniowych biurek. To, co płaskie
zostało na płaszczyźnie, na lśniącej powierzchni
cięcia: trafiają do nas te, nie inne, kreski
deszczu, bez chwili przed i chwili po, i wielka
woda i strach (na wróble) i ukryte paski
na których wisi w pustce mała, czarna Leica.

Warszawa, 7-13.IV.2005

**FOTO-FILM, A. CECHNOWSKI,
ŁÓDŹ, PRZEJAZD 24, TEL. 457-23**

Jest jeszcze Żyd z wełnistą brodą, pod kołpakiem
przymocowaną zmyślnie sznurkiem, i jest Turoń
w futrze – resztce paradnej szuby z Petersburga,
jest Ksiądz, zupełnie żywy, chociaż już na czarnym
tle tablicy; Królowie, jak przez wszystkie wieki
szkolnych przedstawień: karton z pozłotką i berła
z toczonych nóg od krzeseł. Obok Pastuszkowie
w wyszywanych kubrakach, jeden z kapeluszem
zawadiacko spuszczonym na dziewięcioletnie
oko. Jest góra bieli i szychu i pierza:
krążki twarzy w ogólnym puchu anielskości,
przepaski z promykami na lśniących, dokładnie
wyszczotkowanych włosach – a im wyżej w górę,
tym więcej Gwiazd, pod sufit ich graniaste głowy
(grać ogony w Jasełkach – choćby i komety –
cóż, to może naznaczyć raz na całe życie).

under swathes of labourers' flat-caps. Rescuers might
or might not arrive from Brzesc or Kamien, who knows.
The water level doesn't change. Grows stagnant. One bright
razor trims away excess. Past where the wide river flows
the rest of the world wears frock-coats and mustachios,
the base-station equipped with scrubbed tables and telephones

on wide mahogany desks. Whatever was flat has
remained on the glossy surface, on the single plain
of the slice; this what we are shown, these lines of rain,
not others, not the last moment nor the next, and high
water rising, a scarecrow and this hidden terrain,
these strips of emptiness, a black Leica standing by.

    Warsaw, 7-13.IV.2005

Translated George Szirtes

FOTO-FILM, A. CECHNOWSKI, ŁÓDŹ, PASSAGE 24, TEL. 457-23

There's still a Jew with a woolly beard, under a kalpak
artfully tied with ribbon, someone's playing a donkey
in a fur coat – the remnant of a Sunday-best from Riga,
there's a Priest, alive and kicking, although he is standing
against the blackboard; the Magi, as through all the centuries
of primary school plays: a gilded piece of cardboard and sceptres
made of lathe-turned chair legs. Next to the Boy Shepherds
in their embroidered jerkins, one with his hat tilted
down at a rakish angle over his nine-year-old
eye. There's a mountain of whiteness, golden thread and plumage:
little round faces in a general fluff of angel purity,
headbands emitting sunbeams from shining, precisely
brushed and combed tresses – the higher up the picture,
the more Stars, with their pointed heads close to the ceiling
(a bit part in the Nativity Play – even the comet –
is something that can mark you for the rest of your life).

Tylko ona, w zawoju, z plastikową lalką
Patrzy dalej i głębiej i mocniej i straszniej
nad pudłem aparatu, głową preceptora;
jest rok trzydziesty siódmy. Brakuje w obsadzie
Diabła i Śmierci. Idą przez skute jeziora.

Warszawa, 2.IX.2005

ANDY WARHOL, „ROBERT MAPPLETHORPE", POLAROID PRINT,
1973 ROBERT MAPPLETHORPE, „SELF-PORTRAIT WITH SKULL
CANE", GELATIN SILVER PRINT, 1988

panu Eugeniuszowi Tkaczyszynowi-Dyckiemu

Co ci się stało, dziecko, powiedz, co się stało?
Którędy w ciebie weszło to straszne, którędy?
Jakimi cieśninami wpłynęły nieszczelne
tankowce z takim czarnym? Z jakiej chmury spadły
gorzkie deszcze? Czy owoc był szkodliwy? Czy ten
arszenik był zatruty? Co łykałeś, dziecko,
co zobaczyłeś, dziecko, jakie frakcje ropy,
jakie złoża bazaltu, jakie hałdy żużlu?
Czy ten pan cię dotykał, czy go dotykałeś,
co tak ciebie dotknęło? Czy było dotkliwe
to miasto i ci ludzie? Skąd ta zmiana, dziecko,
kto ci dał ten cukierek, kto ci wsunął w rękę
tę tabletkę? Kto wsączył ci ten jad, tę chudość,
tę matowość, tę gorycz? Co dostałeś w zamian?
Straciłeś czy zyskałeś? Co ci przetoczono?
Przez jakie zadrapania, czyje ugryzienia
weszło to w ciebie? Kiedy? I czemu nie chciało
wyjść, i czemu nie zechce wyjść? Dlaczego czarno
skoro było tak biało? Czy ktoś urodzony
w Queens mógł skończyć inaczej? Czy weszło ze światłem,
z migawką, przez przesłonę? I kto mu otworzył
drogę, kto mu otworzył to, co się otwiera?

Only the girl in the headdress, with the plastic baby,
gazes further and deeper, more intensely, strangely
over the hooded camera, over the children's tutor;
it's nineteen-thirty-seven. The line-up is lacking
the Devil and Death. They're crossing the frozen lakes.

Warsaw, 2.IX.2005

Translated by Antonia Lloyd-Jones

ANDY WARHOL, "ROBERT MAPPLETHORPE", POLAROID PRINT, 1973 ROBERT MAPPLETHORPE, "SELF-PORTRAIT WITH SKULL CANE", GELATIN SILVER PRINT, 1988

for Eugeniusz Tkaczyszyn-Dycki

What's happened to you, baby, tell me, what has happened?
How the hell did this horror enter you, how did it?
Through what narrow channels did the leaking tankers
come sailing with the black stuff? What cloud let such bitter
rains come pouring down? Was it the fruit that was harmful?
Was the arsenic poisoned? What did you drink, baby,
and what did you see, baby, what fractions of crude oil,
what deposits of basalt, what slag heaps of cinder?
Did that gentleman touch you, or was it you who touched him,
what has touched you so badly? Was their touch so painful,
this city and these people? Whence comes this change, baby,
who gave you this confection, who hustled this tablet
into your hand? Who trickled this toxin, this thinness,
this gall into you, this pallor? What exchange did you get?
Did you lose or make profit? What was your transfusion?
Through whose bites, what scratches did it get inside you?
When? Why was it unwilling to leave, and why won't it
be willing to leave ever? Why is it all black now
when it used to be so white? Can someone born in Queens
come to a different ending? Did it enter with the light,
through aperture or shutter? And who opened
the way for it, who opened for it what gets opened?

Czy było inne wyjście? Inne, niż to wejście,
którym weszło do środka? Co było pod spodem,
kiedy szedłeś po wierzchu? I co jest pod spodem,
kiedy tak jesteś w środku, gdy wszedłeś do środka?

    Cieszyn, 22-27.VII.2005

RÓŻA JEST RÓŻYCZKĄ JEST PĄCZKIEM

W twoich żyłach, Gertrudo, nie płynie już rzeka
wijów, grubych larw, chrząszczy (i już nie przecieka

miedzy żwir i korzenie przez świecące próchno
trumny, resztki koronek i rozwite płótno),

ani tamta, wcześniejsza – krwinki, leukocyty;
porywczy szturm na ciasne, rude kanaliki,

na powierzchni błękitne, nieruchome. Delta.
Ukryty nurt nadgarstków. Zespolone drzewa.

Paryż jest ziemią. Pablo i Ernest są ziemią.
I Alicja jest ziemią. I ziemia. Nie zmienią

tego kartki ni płótno. Teraz sama płyniesz
przez unerwienie liści: mlecz, perz, rdest, barwinek.

I co znaczyło mało, znaczy teraz dużo:
dopiero teraz róża jest różą jest różą.

    Kutno, pociąg Kutno – Warszawa, 12-13.VI.2005

Was there another exit? Other than the entrance
through which it got inside you? What was there beneath it,
as you walked on the surface? And what is beneath it,
when you are on the inside, when you have gone inside?

    Cieszyn, 22-27.VII.2005

Translated by Antonia Lloyd-Jones

ROSE IS A LITTLE ROSE IS A ROSEBUD

No more, dear Gertrude, do rivers of blood flow through your veins,
but myriapods, larvae, beetles, (nothing now stains

the gravel or worms its way through the glistening wood
of the coffin, those remnants of lace, the canvas shroud)

nor the last river where phagocytes, thrombocytes, throng
in sudden storms through thin blood-red ducts driven along

over a surface that is still and blue. A delta.
The hidden currents of the wrist. The branched trees' altar.

Paris is soil, Pablo and Ernest soil, Alice too
is soil. Soil and dust. No change there. There is nothing new

on paper or canvas, now it is you yourself who flow
through the neurons of the leaves, through periwinkle, sow-

thistle, wheat-grass, and that which meant little then, shows
that only now is a rose is a rose is a rose.

    Kutno, and on the Kutno – Warsaw train, 12-13.VI.2005

Translated by George Szirtes

BIG SPLASH

Czternastosekundowy filmik w Wikipedii
pokazuje zderzenie piłeczki zielonej
z niebieską: spójrz, tak powstał księżyc. Nie ma gorszej
wiadomości dla bladych poetów. Więc zbitka
„proto-Ziemia" ma jakieś znaczenie? Na Ziemi
jest ktoś, kto jej używa tak, jak słowa „nitka",

„kombinezon", „miednica", mając w głowie – właśnie:
bryłę? planetę? koncept? Materiał na miejsce?
Czytaj dalej. Jest groźnie: komety i deszcze
meteorytów, mrozy, Ziemia kulą lodu,
wypadnięcie z orbity, połknięcie przez gwiazdę,
i entropia: *Endlösung* najwyższego sortu.

Niewiele jest nadziei w cichym oceanie
metanu na odległym księżycu Saturna,
w lodzie na Europie, w Cher. Wszechświat to trumna
na wszystkie formy życia i nieżycie całe.
Nawet ten stół Jest drobny, kruchy na nim talerz,
i przy małych kieliszkach sztućce równie małe:

wszystko to, od anteny aż po fundamenty,
złoży się i zasklepi bez świadectwa kształtu
pod galaktyczną burzą i naporem kwarków,
Pomyśl: to co jest gruntem i rzeką i miastem
zarośnie pozaziemską szadzią, pyłem gwiezdnym
i elementarnymi cząstkami jak chwastem.

Słuchaj. To opowiada: nie jesteście sami
ze skazaną na klęskę próbą bycia wiernym,
z waszym nikłym ciężarem ułomnej materii.
z waszą kruchością wiązań i bezbronną skórą.
Przegra wszystko: nożyce i papier i kamień.
Coś gwiazdami obraca – lecz nie jest to czułość.

    Warszawa, 1-3.II.2006

BIG SPLASH

A fourteen-second video clip found via Google
demonstrating the collision of a little green sphere
and a blue one: look, that's how the moon came to be here.
There's no worse news for whey-faced poets. Does the phrasing
"proto-Earth" have a meaning? On Earth someone uses
it exactly the same way as he uses words like "basin",

or "overalls", or "fibre", when he means in actual
fact... a solid? a planet? a concept? Some building
materials? Read on. It's daunting: comets, and then shelling
by meteorites, ice-ups, the Earth a frozen desert,
falling right out of orbit, swallowed by a black hole,
and entropy: *Endlösung* of the highest merit.

There isn't very much promise in the silent ocean
of methane on a distant planet as our safeguard,
in Cher, in Europe ice-bound. The cosmos is a graveyard
for every single life form and for all the non-life.
Even this table is tiny, this plate can be broken,
and by each dainty glass there's a flimsy fork and knife:

all this, from the antenna right down to the floorboards,
will collapse and be buried, quite devoid of shape, crushed
in a galactic tempest and a neutron onrush,
Just think: all that's ground surface, both river and city
will be thickly grown over with unearthly hoar frost,
star dust and elementary particles, like chickweed.

Listen. This is to tell you that you are not alone
with your disaster-laden attempt to be faithful,
with your light, feeble measure of matter that's brittle,
with your tendons so fragile and bones so breakable.
Everybody's a loser – scissors, paper and stone.
Something keeps the stars moving – but it isn't love at all.

    Warsaw, 1-3.II.2006

Translated by Antonia Lloyd-Jones

ZEGAR CZYLI
MAŁA LITURGIA GODZIN DLA NIEPRAKTYKUJĄCYCH

Pamięci B. T.

VII. Kompleta

Dreszcz po plecach. Jak zimny cień krawca i nożyc.
Powiedz, czym są te chwile nagłej, ostrej grozy

gdy w pociągu, za stołem, przy wieszaniu prania
coś się zaplata w piersi w gęstą siatkę, targa,

krępuje pracowity mięsień? Elementarz
bólu po stracie? Szkółka niedzielna cierpienia?

I czy to wy dajecie na te zapowiedzi,
drodzy umarli krewni, nieżywi sąsiedzi?

Z czułości? Żeby ubiec? Żebyśmy nie byli
zaskoczeni, że siostra nie wróci z Antyli,

że lot AE60 z Michigan to pole
rudej spalonej ziemi, obsiane w krąg złomem,

że guz u dziecka znaczy nie gulę na głowie,
ale coś, co wyrosło w trzustce i wątrobie

i wypuszcza rozłogi jak podagryczniki?
Ze oparcia nie można mieć w niczym i w nikim?

Czy o tym mówi liścik, który przesyłacie
gdy jesteśmy na wczasach, osa po ceracie

rozgrzanej ślamazarnie wlecze się do jabłka,
a w nas w prześwicie stuka ukryta zapadka

i przez moment widzimy jak będzie wyglądał
świat bez tej dłoni, która podaje nam miód?

Łódź – Leszno – Warszawa, 9.V.2006-6.VI.2006

THE CLOCK OR
A SMALL BOOK OF HOURS FOR THE NON-PRACTISING

In memory of B. T.

VII. COMPLINE

A shiver down the spine – like the shadow of the tailor and his scissors.
Tell me, what are these moments of sudden, acute danger

when you're in a train, at table, or hanging out the washing
and a knot in your chest tightens into a dense net, thrashing,

and blocking the hard-working muscle? The nursery primer
of pain after loss? A Sunday school of racking torment?

And is it you who publish these banns as a portent,
my late-lamented kindred, dear-departed neighbours?

Out of affection? An early warning, so we won't be
surprised a friend's not coming home from the Antilles,

that flight 60 from Denver is a field of reddish
fire-scorched earth with scrap metal scattered in a circle,

that a little child's tumour doesn't mean a swelling
but something that is growing in the spleen and liver,

putting out branching runners just like common goutweed?
That there can be no succour, in nothing and no one?

Or is this the real content of your silent message
sent when we're on vacation, as a wasp idly

straggles across the sun-baked oilcloth to an apple,
and into a chink in our armour a hidden ratchet clatters

and we see for a moment what the world will look like
without the beloved hand that is giving us honey?

Łódź – Leszno – Warsaw, 9.V.2006-6.VI.2006
Translated by Antonia Lloyd-Jones

PRZYJĘCIE

Stoją za oknem strome ciemności,
ciemność przychodzi do okien w gości.

A za ciemnością idą zwierzęta,
żaden bestiariusz ich nie spamięta.

Za zwierzętami śmierć biała kroczy,
śmierć sześcioskrzydła, na skrzydłach oczy.

Stają u okien. Patrzą do środka.
Bardzo się zmieni kto je napotka.

W środku tłum, książki, meble i szklanki,
czyli szkło, papier, drewno i tkanki.

I śmierć, i bestia się rozpromienia,
że się serwuje tyle jedzenia.

Przez miłorzębu patrzą gałązki
na nieświadome niczego kąski.

Ty, jeśli czekasz jakichś morałów,
nie czekaj dłużej. Czasu jest mało.

Bądź dobry. Kochaj. Starzej się z wdziękiem.
Zamki są słabe. Szyby są cienkie.

    Budmerice, 5.X.2005

THE RECEPTION

Beyond the window darkness pressed
steep against glass, an importunate guest.

Behind come the animals, stalking and creaturely,
their features unnoted in anyone's bestiary.

Death follows, white winged, each wing with an eye.
There are six of such wings required to fly.

They hover outside, they watch and they wait.
An encounter with them brings a sharp turn of fate.

Inside crowd the books, the glasses, the chairs,
Glass, paper and tissue, small human affairs.

Both death and the creatures beam at the sight,
So much to observe, to serve up, to bite.

Through branches of gingko they peep and smirk:
such innocent morsels, such delicate work.

If a moral is what you're expecting, there's none.
You don't have much time left. Get up and move on.

Be good. Be loving. In old age be pure.
Those panes are quite thin, the locks insecure.

Budmerice, 5.X.2005

Translated by George Szirtes

EWA CHRUŚCIEL is a poet, critic and translator. She holds a PhD in literature from ISU and an MA from the Jagiellonian University in Krakow, Poland. She writes both in Polish and English. Her first book in Polish was published in 2003 by *Studium* and her second book is forthcoming in 2009. Her first book of poems in English is currently with Graywolf. Her poems have appeared in Polish, Italian and American journals including, in Poland: *Studium, Zeszyty Literackie* and *Topos*; in the USA, *Boston Review* (poet's sampler), *Spoon River Review, The Pebble Lake Review, XCP: Streetnotes* and *Colorado Review*; and in Italy, *Clan Destino* and *Il Giornale*. Her translations of poetry have appeared in *Poetry Wales, The Chicago Review, Lyric* and in the anthology *Carnivorous Boy Carnivorous Bird*. She has also translated four books from Polish to English. She is a professor at Colby-Sawyer College in New Hampshire, USA.

BILL JOHNSTON is Associate Professor of Second Language Studies and Comparative Literature and Director of Polish Studies Center at Indiana University, Bloomington. His translations from the Polish include Witold Gombrowicz's *Bacacay* (Archipelago Books, 2004), Krzysztof Kamil Baczynski's *White Magic and Other Poems* (Green Integer, 2005), and Tadeusz Różewicz's *New Poems* (Archipelago Books, in press), along with over a dozen other books of poetry and prose. He has held fellowships from the National Endowment for the Arts (for Juliusz Slowacki's *Balladina*) and the National Endowment for the Humanities (for Stefan Zeromski's *The Coming Spring*). From 2003-2006, he was a board member of the American Literary Translators Association.

KAREN KOVACIK is a poet and translator living in Indianapolis, USA. In 2004-05, she received a Fulbright research grant to Poland to translate contemporary women poets. With Ewa Kruśchiel, she is currently translating Agnieszka Kuckiak's *Dalekie kraje. Antologia poetów nieistniejących* (Distant Countries – An Anthology of Non-Existent Poets, 2005). Her translations have appeared in *American*

Poetry Review, Boston Review, Private (Italy) and many other journals.

ANTONIA LLOYD-JONES is a translator of Polish literature. Her published translations include novels by Paweł Huelle and Olga Tokarczuk, short stories by Jarosław Iwaszkiewicz, and non-fiction, most recently by Ryszard Kapuściński and Wojciech Tochman. Her translations of poetry have appeared in periodicals including *The Edinburgh Review*.

MIRA ROSENTHAL is the translator of *The Forgotten Keys* (Zephyr Press 2007), a selection of poems by Polish writer Tomasz Różycki. She is now working on his most recent volume, *Colonies*, for which she received a 2008 PEN Translation Fund Award and a 2009 NEA Fellowship. Her translations have appeared in the journals *AGNI Online*, *The Literary Review* and *Poetry Wales*, among others. Her own poetry has appeared recently in *Ploughshares*, *The American Poetry Review*, *Notre Dame Review*, *The Cortland Review*, *Faultline*, *The Cincinnati Review* and elsewhere. She holds an M.F.A. from the University of Houston and is currently a doctoral candidate in comparative literature at Indiana University.

GEORGE SZIRTES is a well-known poet and translator. Born in Budapest in 1948, he came to England as a refugee in 1956. He is the author of a number of publications, including more than a dozen books of poetry and has won various awards and prizes including the T. S. Eliot Prize for *Reel* in 2005. His *New and Collected Poems* appeared in 2008 along with a study of his work, *Reading George Szirtes* by John Sears, both published by Bloodaxe. He co-edited Picador's *New Writing 10* in 2001 with Penelope Lively. His many translations from Hungarian include prose and poetry by authors such as Dezsö Kosztolányi, Zsuzsa Rakovszky, Gyula Krúdy, László Krasznahorkai and Sándor Márai. He has edited or co-edited and part-translated the anthologies *The Colonnade of Teeth: Twentieth Century Hungarian Poetry* (Bloodaxe 1996), *The Lost Rider: Hungarian Poetry*

16-20th Century, (Corvina, 1998) and *An Island of Sound: Hungarian Fiction and Poetry at the Point of Change* (Harvill, 2004).

ELŻBIETA WÓJCIK-LEESE translates con- temporary Polish poetry into English. Her translations of such poets as Marzanna Kielar, Krystyna Miłobędzka and Marcin Świetlicki have appeared in, among others, *Poetry Review*, *Poetry London*, *Poetry Wales*, *Modern Poetry in Translation*, *Poetry Ireland Review*, *Acumen*, *Magma*, *Brand*, *Chicago Review* as well as in various anthologies, most recently *New European Poets* (Graywolf Press, 2008). Her *Salt Monody* is a selec-  tion of fifty-three translations from Marzanna Kielar (Zephyr Press, 2006). She co-edited *Carnivorous Boy Carnivorous Bird. Poetry from Poland*, a bilingual edition (Zephyr Press, 2004) which presents twenty-four Polish poets born between 1958 and 1969. She is a contributing editor to *Poetry Wales*. She co-edits *Przekładaniec. A Journal of Literary Translation*.

She also translates from the English; her publications include poetry by Carol Ann Duffy, Denise Riley, Gillian Allnutt, Vuyelwa Carlin, Nuala Ni Dhomhnaill, Elin ap Hywel and Samantha Wynne-Rhydderch. She teaches literary translation, contemporary poetry in English and cognitive poetics at the Jagiellonian University in Kraków.

Other anthologies of poetry in translation published
in bilingual editions by Arc Publications include:

Altered State: An Anthology of New Polish Poetry
EDS. ROD MENGHAM, TADEUSZ PIÓRO, PIOTR SZYMOR
Translated by Rod Mengham, Tadeusz Pióro *et al*

*A Fine Line: New Poetry from Eastern
& Central Europe*
EDS. JEAN BOASE-BEIER, ALEXANDRA BÜCHLER, FIONA SAMPSON
Various translators

Six Slovenian Poets
ED. BRANE MOZETIČ
Translated by Ana Jelnikar, Kelly Lennox Allen
& Stephen Watts, with an introduction by Aleš Debeljak
NO. 1 IN THE 'NEW VOICES FROM EUROPE & BEYOND' ANTHOLOGY SERIES,
SERIES EDITOR: ALEXANDRA BÜCHLER

Six Basque Poets
ED. MARI JOSE OLAZIREGI
Translated by Amaia Gabantxo,
with an introduction by Mari Jose Olaziregi
NO. 2 IN THE 'NEW VOICES FROM EUROPE & BEYOND' ANTHOLOGY SERIES,
SERIES EDITOR: ALEXANDRA BÜCHLER

*A Balkan Exchange:
Eight Poets from Bulgaria & Britain*
ED. W. N. HERBERT

*The Page and The Fire:
Poems by Russian Poets on Russian Poets*
ED. PETER ORAM
Selected, translated and introduced by Peter Oram

Six Czech Poets
ED. ALEXANDRA BÜCHLER
Translated by Alexandra Büchler, Justin Quinn
& James Naughton, with an introduction by Alexandra Büchler
NO. 3 IN THE 'NEW VOICES FROM EUROPE & BEYOND' ANTHOLOGY SERIES,
SERIES EDITOR: ALEXANDRA BÜCHLER

Six Lithuanian Poets
ED. EUGENIJUS ALIŠANKA
Various translators, with an introduction by Eugenijus Ališanka
NO. 4 IN THE 'NEW VOICES FROM EUROPE & BEYOND' ANTHOLOGY SERIES,
SERIES EDITOR: ALEXANDRA BÜCHLER